本书受到吉林省教育厅科研项目"吉林省民营企业家制度能力与商业模式创新关系研究"（项目编号：JJKH20240759SK）、吉林省科技厅科研项目"吉林省制造企业数字赋能技术创新的机制与路径"（项目编号：20240701089FG）支持

企业外部知识获取与创新绩效：

基于动态能力的中介作用

李倩◎著

中国社会科学出版社

图书在版编目（CIP）数据

企业外部知识获取与创新绩效：基于动态能力的中介作用 / 李倩著． -- 北京：中国社会科学出版社，2025.1． -- ISBN 978-7-5227-4027-0

Ⅰ．F272.4

中国国家版本馆 CIP 数据核字第 2024E1C776 号

出 版 人	赵剑英
责任编辑	黄 晗
责任校对	夏慧萍
责任印制	张雪娇

出　　　版	中国社会科学出版社
社　　　址	北京鼓楼西大街甲 158 号
邮　　　编	100720
网　　　址	http://www.csspw.cn
发 行 部	010-84083685
门 市 部	010-84029450
经　　　销	新华书店及其他书店
印　　　刷	北京明恒达印务有限公司
装　　　订	廊坊市广阳区广增装订厂
版　　　次	2025 年 1 月第 1 版
印　　　次	2025 年 1 月第 1 次印刷
开　　　本	710×1000　1/16
印　　　张	13
插　　　页	2
字　　　数	201 千字
定　　　价	69.00 元

凡购买中国社会科学出版社图书，如有质量问题请与本社营销中心联系调换
电话：010-84083683
版权所有　侵权必究

前　　言

　　企业对外部资源的利用已然成为一种越来越普遍的现象，一些国家的企业用于外部研发的经费比例逐渐增多，企业对外合作关系数量亦增加十分明显。技术的迅速发展，市场的瞬息万变，使得产品生命周期缩短，更新换代速度加快，单纯依靠企业自身研发活动的创新行为受到约束，企业逐渐转向外向的开放式创新。更多的企业开始注重加强外部知识获取战略，开放式创新成为企业实践与理论研究的热点。然而，外部知识是通过怎样的方式影响企业创新绩效的，并未得到清楚的回答。

　　现有研究对外部知识获取与创新关系的分析，多从静态、孤立的角度探索企业外部资源对创新的作用。即便在开放式创新理论逐步得到关注后，研究者也极少关注到外部资源在企业内部的转化过程。理论上，资源基础观与动态能力可以很好地解释资源内部发展路径，但现有文献对外部引入资源如何与组织能力结合而形成具有价值性、稀缺性、难以模仿和不易替代的异质性资源解释依然不足。因此，单独利用资源基础观的理论，无法解释企业在获取外部知识后如何完成内部发展，外部知识如何影响企业创新绩效。理论上缺乏合理的解释，导致现有文献关于外部知识获取对企业创新的影响机制缺乏深入分析。在实证研究中，外部知识获取对企业创新影响的正向作用虽然得到广泛的认可，但有关影响机制的研究较少，体现在缺少对二者之间关系是否存在中介变量、什么中介变量的探讨不足。如何解释企业获取外部知识后的内部发展问题？企业获取的外部知识如何成为异质性资源而影响创新绩效？转型经济体中企业的外部知识获取战略的作用方式是否被制度环境左右？对这些问题的解释将成为破解创新绩效研究的关键。

围绕"外部知识获取如何影响企业创新绩效"这一基本问题，本书综合了资源基础观、动态能力理论、创新理论及制度理论，通过文献综述、理论推演和统计分析等多种研究方法，尝试揭开外部知识影响企业创新绩效的黑箱。在外部知识获取与创新绩效的概念模型中，引入了机会识别与企业内部研发活动两个有序的链式中介变量，制度环境作为调节变量。本研究认为，外部知识通过影响机会识别水平与内部研发活动，企业内部知识基础更新或重构，进而提升企业创新绩效。同时，外部知识的内部发展过程受到制度环境的调节。

本书通过问卷调查的方法获取企业相关数据，样本覆盖了 24 个省份。调查对象选取了部门经理及以上级别的管理人员，通过实证分析验证上述观点。调研所获数据在信度、效度与同源方差等方面达到了统计分析的基本要求，随后对数据进行相关分析、回归分析与 Bootstrap 方法分析，检验假设，得出三个基本结论：（1）企业的外部知识获取行为有利于机会的识别，同时对企业内部研发活动有促进作用；（2）机会识别与企业的内部研发活动有利于企业创新产出，外部知识获取通过机会识别与内部研发活动间接作用于企业创新绩效，同时机会识别能够促进企业的内部研发活动，机会识别与内部研发活动构成有序的链式结构，维持了外部知识获取与企业创新绩效的正向关系；（3）随着企业经营环境的改善，企业更倾向于将资源配置到生产性活动中，外部知识获取、机会识别对企业研发活动的正向作用均得到加强，但外部知识获取对机会识别的作用未受制度环境的影响。

本书的理论贡献主要体现在三个方面：（1）通过对外部知识获取影响企业创新绩效的理论分析，将机会识别和内部研发活动这两个有序的链式中介变量引入理论框架中，建立了外部知识获取影响创新绩效的新路径。以往的研究更加关注外部知识作为资源引入企业对创新的直接促进作用，将知识获取视为引起企业创新绩效的直接前因变量，缺乏对外部知识影响机制的探讨，探索机会识别与内部研发活动的中介作用是解决目前关于外部知识获取影响企业创新机理的有效方法。（2）丰富了动态能力视角下，企业外部知识转化的内在机理。外部获取的知识实际并不完全具备资源基础观对异质性资源的描述——价值性、稀缺性、难以模仿和不易替代,少有研究将资源基础观与动态能力理论结合来探讨并不完全具备异质性特征的资源如何通过动态能力转化为具有异质性特征的资源集。本书基于资源基础观与动态能力整合的视角,引入机会识别与企业内部研发活动的链式中介,作为动态能力的微观基础,在企业获取外部知识后,通过整合外部资源与内部资源,形成了更新或重构的资源基础,进而影响企业的创新绩效。(3)通过分析制度环境(区域市场化指数)对外部知识获取与研发活动、机会识别与研发活动间的调节作用,加深了对企业外部知识获取作用的认识。国内的经济转型期特点决定了市场尚不成熟,各地区间的制度发展亦不均衡,制度的二元激励作用依旧存在。在制度有差异的环境下,外部获取知识在影响企业创新过程呈现的不同并未得到深入讨论。本书整合了开放式创新理论和制度理论,探讨了制度完善程度在企业利用外部知识过程中的影响,丰富了从制度视角对开放式创新理论的研究。

目　　录

第一章　从开放式创新谈到企业外部知识获取 ……………………（1）
　　第一节　研究的现实背景 …………………………………………（1）
　　第二节　研究的理论背景 …………………………………………（4）
　　第三节　研究的主要内容 …………………………………………（8）
　　第四节　结构与技术路线 …………………………………………（10）

第二章　相关理论与研究综述 ………………………………………（13）
　　第一节　企业的创新绩效 …………………………………………（13）
　　第二节　外部知识获取 ……………………………………………（19）
　　第三节　机会识别 …………………………………………………（40）
　　第四节　内部研发活动 ……………………………………………（49）
　　第五节　企业动态能力理论 ………………………………………（55）
　　第六节　制度理论 …………………………………………………（62）

第三章　外部知识获取助力企业创新绩效的理论推演 ……………（70）
　　第一节　理论模型的提出 …………………………………………（70）
　　第二节　理论假设的提出 …………………………………………（82）

第四章　研究方法与专题调研 ………………………………………（106）
　　第一节　数据收集 …………………………………………………（106）
　　第二节　变量测量 …………………………………………………（114）

第三节　统计分析方法 …………………………………………（119）

第五章　实证结果及分析 ………………………………………（121）
　　第一节　信度和效度分析 ………………………………………（121）
　　第二节　描述统计 ………………………………………………（126）
　　第三节　假设检验 ………………………………………………（128）
　　第四节　假设检验结果 …………………………………………（146）

第六章　研究结论及讨论 ………………………………………（148）
　　第一节　假设检验结果的讨论 …………………………………（148）
　　第二节　研究意义与启示 ………………………………………（156）
　　第三节　研究局限 ………………………………………………（160）
　　第四节　研究展望 ………………………………………………（161）

参考文献 …………………………………………………………（163）

附　录 ……………………………………………………………（196）

第一章

从开放式创新谈到企业外部知识获取

随着全球技术的迅猛发展、互联网经济的席卷,中国市场化程度不断提升,产业结构调整效果显著,知识密集型企业在这样的大背景下得到了充分的发展。同时,受经济全球化、经济转型升级和中美贸易摩擦等诸多因素影响,国内外各行业竞争加剧,企业需要通过创新寻找新的利润增长点。前沿科学技术的快节奏发展并得以市场化应用,使得产品的生命周期不断缩短,迫使企业必须不断完善产品功能、品质,高频度地升级原有产品或开发新品。而企业的经营与成长、产品开发和创新活动等,都离不开知识的支撑。对于企业创新而言,高效利用和配置外部知识与信息,抓住稍纵即逝的市场机会,培育自身的研发能力,是企业创新的关键环节,也是企业实现经济收益的前提。因此,企业如何利用外部获取的资源,实现与内部资源的整合和发展,培育并强化企业能力,审时度势,实现创新产出,保持企业竞争优势,是企业经营实践与理论研究中的焦点问题。

第一节 研究的现实背景

一 封闭式创新模式制约企业创新

外部市场环境与技术环境的迅速变化逼迫企业走上开放式创新之路。随着市场竞争的加剧和技术的更新换代,新产品或服务的更新周期不断缩短,企业须通过不间断的快速推陈出新来保持市场份额并获取竞争优势。而完全依赖自我封闭式创新的战略很难在转瞬即逝的商业机会面前显现出原有的优势，原本强大的科研实力甚至显得尾大不掉。例如手机市场，各手机生产公司每年都会升级其各系产品，推出全新一代产品，软件系统更是无固定时间的升级；汽车市场，不断研发新的技术，迅速升级原有车型，及时完善产品性能，全方位满足消费者需求。高速发展的市场和技术，不但要求企业不断推陈出新，与之相应而生的是知识外溢。产品的可视化即便在严厉的知识产权保护下，也很难抵挡竞争对手的变相模仿甚至赶超。而企业自身也必须时刻关注、研究竞争对手的产品属性、发展战略，关注市场的发展趋势和各合作厂商的产品、技术进展，以规划自己的产品战略。

产品复杂性的提升，使得单个企业难以解决所有技术问题。随着产品复杂程度、技术难度的加大，单个公司很难掌握某一产品或某一技术的全部细节，某些技术或产品需要通过外购或合作生产来完成。国内手机生产商锤子科技 CEO 罗永浩在一次现场直播中称手机生产商为"方案整合商"，至于如何整合取决于产品市场定位和定价，从屏幕到芯片，很多手机核心零件都是通过合作生产、订制和直接购买的方式实现的。罗永浩（2018）表示："我们时常心怀惶恐，我们技术用得比别人早这种事发生过，总是在发布会的时候，把别人的品牌名字什么的打出来，并且鸣谢它，它在我们体量还不是很大的情况下，使我们能第一批使用这些黑科技，但是并不是我们研发出来的。"不仅在手机行业，在互联网、机械设备、生物医药等多领域都存在类似现象，这不再是一个单打独斗的市场，需要企业多渠道地学习、汲取外部知识，迅速更新产品，跟上市场趋势，获取经济利润。

研发内向型公司单一的自建、自研和自主研发模式，易造成资源浪费，甚至导致组织臃肿。封闭型研发除了难以把握创新思想和市场趋势，还容易造成科研投入与产出比例失衡、资源配置低效的情况。尤其在产品多元、技术复杂性高的公司，科研团队很难全方位掌握各个方面的最新科技，适当的技术购买与合作研发，给企业更大的选择余地，挑选优质、合理的技术源。合理地配置自研、合作与购买的组合，在本公司擅长的技术方面继续深入挖掘，而在研发困难或全新技术领域适当地引入外部资源。因此，企业创新逐渐脱离完全依赖于自我研发的模式，引入外部资源，保持竞争优势是大势所趋。

二 外部知识的注入助力企业与时俱进

随着经济全球化的深入，知识产权交易市场化不断发展，科研人员流动效率提升，企业由孤岛式研发逐渐融入开放的网络式研发。企业对外部资源的利用已经成为一种越来越普遍的现象，一些国家企业用于外部研发的经费比例逐渐增多。例如在英国和德国，用于外部研发的业务经费占研发经费总额的比率在十年间已经翻倍（Howells，1999；Bönte，2003）。

一些知名公司利用外部资源并取得了很好的效果。宝洁公司的研发战略调整是企业引入外部知识的典型案例。为了确保大量外部思想和人员的开发，宝洁公司使用了联系和发展战略代替聚焦内部研发战略。这一战略转化使得宝洁公司接触大量外部创新思想，引入大量外部知识资源。而联系和发展战略正是源于外部资源的价值可能大于内部这一思想（Sakkab，2002）。众所周知，智能手机行业，由于手机厂商各自技术专长的差异及产品自身的高度复杂性，很多市场占有率靠前的手机厂商并不具备智能手机关键零部件的生产技术和工艺。技术更新迅速且技术开发困难使手机厂商在全球范围内寻找最优质的技术资源来服务于其新产品的开发，屏幕、摄像头和处理器等都采购于其他专业上游生产商。外部技术的引入、购进，使得这些手机生产商能够紧跟市场变化，推陈出新，在最短时间内整合全球优质资源完成新产品的开发。还有一些经营实体经济的小微企业，受互联网电商冲击，业绩受到一定影响，而其自身匮乏电商的技术与知识，使其难以开启线上经营模式。从专业互联网公司进行技术购入、将互联网推广方案设计进行外包，能够使其迅速搭建线上交易平台，具备线上交易能力。因此，外部资源引入实际也是企业配置优质资源的高效选择，能够迅速为企业的经营发展、创新盈利提供支持。对外部资源的利用增强了研发过程的复杂性和跨界性，缩短了技术周期并促进了技术知识市场的繁荣（Howells 等，2003）。

企业开始更多地利用外部资源还体现在企业合作关系数量的增加。

Hagedoorn（2002）指出在 MERIT-CATI 数据库记录中，在 20 世纪 60 年代，公司间研发合作关系数量仅为 10 个，而到了 20 世纪 90 年代，这种合作关系数量接近 600 个。企业对外合作关系的增加是其更多地利用外部资源的体现，而这样的变化在企业通过外部资源获得收益后得到进一步加强。行业联合会、产业中介组织和产业论坛等，为企业获得外部联系提供了更多的渠道和机会。

外向的创新模式不再是昙花一现的短暂现象，从这些现象中窥视到的是未来发展趋势，这已经成为一种行业共识（Calantone 和 Stanko，2007）。企业已经不能满足于自给自足式的封闭资源供应，通过利用外部资源，科学地经营管理企业，获取竞争优势是大多现代企业的必然选择。

第二节 研究的理论背景

一 理论背景

科学的迅速发展伴随着技术更新迭代的加速，产品的综合性和复杂性的提升，都要求企业突破有限自有资源的限制，提升技术创新能力。在这种外部环境下，企业即便拥有强大的科研实力和技术资源，也很难拥有技术创新所需的全部知识，只有建立广泛的知识获取网络，有效地利用外部资源才能更从容地创造价值（陈劲和陈钰芬，2006）。开放式创新的中心思想是对新知识的开放式搜索帮助企业接触外部知识资源，克服盲点风险，避免不可预测的市场和技术变化（Clausen 和 Korneliussen，2013）。对企业创新绩效的研究，开始转向外向型的开放式创新模式。

传统的创新观点以企业内部研发为主要创新驱动，企业投入一定量的科研要素，如科研设备、科研人员、科研资金等，通过研发活动获得新技术、新产品，再进行产品的市场化推广。封闭式创新的公司遵循这样的路径：成功的创新需要管控，公司必须自己产出创新思路，然后发展、生产、市场化、发布并服务于自身（Chesbrough，2003）。这一路径被称为自我依赖，企业依靠自身的资源和能力进行研发活动，闭环式地独立完成各个生产运营环节。

这是传统的创新观念，在一定时期或一定领域得到认可并被广泛应用。开放式创新的主要特征是，企业边界模糊，创新思想来源于企业内、外两个部分（陈劲和陈钰芬，2006）。很多企业已经意识到大量好的想法往往不是来自自己的实验室，因此采取了多种手段，诸如取得许可权、合资、战略联盟等来从获取的外部构思中获得好处（Rigby 和 Zook，2002）。从资源视角对企业战略联盟的研究认为，企业的联盟行为本质上是企业获取其他企业资源的工具（Das 和 Teng，2000）。Chesbrough（2003）对开放式创新的早期研究备受关注，其研究起源于对一些行业中后起之秀的关注，尽管这些公司没有深厚的科研实力和技术累积，却在短时间内成为行业先锋甚至赶超老牌企业。出现这种状况的原因就在于一些公司对开放式创新战略的成功应用。20世纪末，封闭式创新模式逐渐被打破，主要原因有两个方面：一是科研人员的高流动性；二是风险资本的活跃（Chesbrough，2003）。这使得封闭式创新模式被动地打破，开放式创新逐渐成为企业不可缺少的创新模式。而率先做出某项创新的公司也不再封锁它们的成果，取而代之的是通过专利、联合和其他的约定来从这一创新成果中获取利益（Kline，2003）。这种率先科研产出的公司可以通过其创新成果盈利，未必通过原有的商业化方式，而有这方面科研需求的公司也可以缩短科研周期，在短时间内通过一定方式获取成果使用权。开放式创新也不是高技术行业的专利，传统行业、成熟行业也在开放式创新模式下取得了很多成果（Chesbrough 和 Crowther，2010）。

陈钰芬和陈劲（2008）通过对中国企业研发开放度的测量，研究了不同开放度对创新绩效的影响。陈钰芬和陈劲（2009）用实证研究探讨了开放式创新的机制，实际上，市场信息资源与技术资源是开放式创新作用的两条路径，通过这两种外部资源的获取，缓解和弥补了企业有限内部资源的约束，从而提高创新绩效。陈钰芬（2013）随后从企业开放式创新视角切入，进一步研究了不同类型企业所采取的开放模式不尽相同，要根据自身科研能力与制造能力水平匹配合适的开放模式。Nieto 和 Santamaría（2007）研究了不同合作网络对产品创新的新颖性的影响，研究发现技术型合作网络对产品创新的新颖程度有重要影响，同时，与供应商、客户和研究机构的合作都可以促进产品创新的新颖性，而与竞争者合作并不能提高新颖性,此外,对创新新颖性有最大影响的,是包含多种类型的综合合作网络。随着开放式创新的实践与理论的积累,创新共同体这一概念出现在实践与理论研究中,实际上创新共同体是开放市场新的产物。创新共同体是多主体构建的相互学习、协同合作,提高个体成员创新能力和区域创新绩效的新兴组织形式(王峥和龚轶,2018)。基于开放式创新,围绕知识产权的讨论和研究不断深化,如祝琳琳等(2018)、何天翔(2018)、Fabrizio(2007)的研究指出,随着高校研究成果专利化程度的提高,知识挖掘的速度不断下降,尤其在更加依赖基础科学产出的技术领域。而在开放式创新中遇到的管理问题,也在最近的研究中不断被发现和解决。如中小企业如何与大客户建立以创新为目的的联系,Tobiassen 和 Pettersen(2018)对高技术领域的这一问题进行了案例研究,通过聚焦内部动态性和长期关系变迁,研究发现受潜在开放式创新利益的驱使,中小公司经理会主动地、战略性地处理开放创新关系,大客户则直接或间接地促进中小企业创新过程。

当众多研究都集中于开放式创新所带来的利益时,有学者开始关注开放式创新中的市场失灵。Tobiassen 和 Pettersen(2018)发现小微企业的开放参与水平低于最佳水平,研究者指出了三点市场错位的原因,首先,公司缺乏对开放创新潜在利益的理解;其次,不了解潜在合作者的能力方面的信息;最后,缺乏关于潜在合作伙伴可信赖性的相关信息。

开放式创新理论在实践中不断发展并指导创新实践,但关于企业内部如何利用开放式创新带来的资源的研究较少,开放式创新到创新产出的过程依然模糊。

二 现有研究的不足及启示

现有研究对资源与创新关系的分析,多从静态、孤立的角度探索企业内部及外部资源对创新的作用。一些研究以传统的资源基础观为理论基础,研究企业内部资源对创新的作用。即便在开放式创新理论逐步得到关注后,研究者也极少关注外部资源在企业内部的转化过程。Escribano

等（2009）的研究将吸收能力引入外部知识获取与创新绩效的研究中，关注到了企业能力在处理外部知识上的重要作用，Zhou和Li（2012）的研究关注到了企业知识基础在处理外部知识时的作用，这些研究对理解外部知识获取与创新有重要的价值和意义，但这些研究并未从理论上揭示外部资源引入企业后的发展路径。刘晓敏（2017）研究外部隐性知识获取对企业绩效影响时关注到了机会能力的重要作用，但是隐性知识获取的本身就是一个学习和外部知识内化的过程，换一个角度讲，隐性知识本身就具备了异质性资源的特征——价值性、稀缺性、难以模仿和不易替代，所以，这一研究也没能从本质上解释外部资源在企业内部如何发展的问题。理论上，资源基础观与动态能力可以很好地解释资源内部发展路径，但现有文献对外部引入资源如何与组织能力结合而形成具有价值性、稀缺性、难以模仿和不易替代的异质性资源解释依然不足（West和Bogers，2014）。Liying等（2016）整合了资源基础观与动态能力的观点，提出了外部资源—动态能力—更新或重构的异质性资源的分析框架，解释了外部资源在企业内部发展的问题。现有研究很少有基于这一视角的实证研究，Liying等（2016）的实证研究局限在外部技术许可的引进，并以研发活动和技术多样性作为微观技术动态能力对企业知识基础更新和重构进行解释，对模型的解释较为单一。因此，目前从资源基础观与动态能力结合的视角，解释外部资源引入企业后发展路径的研究依然十分匮乏。

关于外部知识获取对于企业创新绩效的影响机制缺乏深入分析。上述分析指出对外部知识获取后，单一利用资源基础观，很难解释其在企业内部的发展路径问题。在实证研究中，对外部知识获取对于企业创新影响的正向作用得到广泛的认可，但有关影响机制的研究较少，体现在缺少对二者之间关系是否存在中介变量、什么中介变量的探讨不足。在关注企业社会网络的开放式创新研究中，普遍认为由于企业的社会资本、网络关系而带来外部知识获取，从而影响创新绩效（Powell等，1996；Zeng等，2010）。知识作为企业的重要生产性资源，企业外向的知识获取后，如何与企业内部融合、转化，达到影响企业创新的效果，对这一过程的研究并没有丰富的实证文献（Moran，2005）。只有厘清外部知识资源对创新绩效的影响机制，才能更好地理解开放式创新理论。

对不同来源机会的发展并未明确界定，客观存在的机会是如何识别和发展的，被创造的机会是如何识别和发展的。机会理论作为企业战略管理和创业理论得到了的关键内容，有关机会识别、机会评估、机会利用等问题在理论上得到了充分探讨，但着眼于企业层面数据的实证研究较为匮乏（Teece 等，1997；Alvarez 等，2013；Ma 等，2011）。更多的研究关注到了机会识别的前因变量，即什么能够影响机会识别水平（Shane，2000、2003；张玉利等，2008），而结果变量的研究多集中于企业绩效结果导向的研究（O'connor 和 Rice，2001；Gielnik 等，2012），忽视了机会发展问题。还有一些研究关注到了机会识别对商业模式创新的作用（马玉成，2015），一些学者将商业模式创新作为联结机会识别与企业绩效产出的桥梁（Guo 等，2017），也并未从根本上解释企业对机会的开发过程。因此，机会的识别和发展需要更加丰富的实证性研究。

以往对开放式创新的研究多集中于西方发达经济体的制度情境下，对中国这样的转型经济体，行业内很多企业处于追赶位势的情况，缺乏制度情境研究。并且，中国国内由于各省份的地理差异、政府对制度的执行以及地方性政策的差异，导致区域性的制度差异存在。企业的运营、发展离不开其嵌入的制度环境。区域市场化指数在一定程度上反映了企业所处市场成熟度和其他制度的发展水平，能够体现市场功能和效率（樊纲等，2010）。以往在研究开放式创新中，往往关注企业内部特征的作用（Escribano 等，2009；Tsai 等，2011；Naldi 和 Davidsson，2014），在关注外部环境的研究中也探讨国家间的差异带来的影响（Ma 等，2011）。因此，关注转型经济的制度环境，且在相同文化情境下，可以更清晰地探讨制度环境的效应。

第三节 研究的主要内容

在开放式竞争模式下，外部知识获取为企业取得竞争优势提供重要资源。然而，当前对外部知识如何影响企业创新的机制的理论研究和实证研究都较为稀少。根据上文对现有研究不足的讨论，本研究的主要研究内容如下：

外部知识获取对创新绩效的影响。实际上，外部知识获取对企业创新绩效的正向关系已经得到了广泛的证实，理论和实证研究都较为丰富。但对外部知识的划分类型较多，如隐性知识、技术引进、兼并、技术溢出等，研究结论也存在正向与倒"U"形的不同情况。因此，首先为了确认经济转型期企业的外部知识战略的创新绩效情况；其次在知识的内容分类上，更宏观地选择了市场知识与技术知识两类知识，同时本研究对中国情境下的企业外部知识获取问题再次论证，为更好地研究下面的中介作用与调节作用打下基础。

机会识别在企业开放式创新活动中起到了怎样的作用。机会作为战略管理与创业领域的重要研究内容，在推动企业利用外部知识的过程中，创新主体对信息的接收、整合和应用，对机会的感知引领并推动企业向成功的创新产出方向迈进。本研究结合企业创新的内涵与特征，从资源基础观与动态能力整合视角分析机会识别在企业创新过程中，如何利用知识指导企业创新过程，即外部知识获取如何通过机会识别来影响企业创新产出。

企业内部研发活动在企业开放式创新活动中起到了怎样的作用。外部知识进入企业内，必然与企业原有内部知识产生互动。而研发活动是应用外部知识并与内部知识融合的新知识发展过程，同时研发活动对产品开发与创新产出具有促进作用，也就是创新绩效的前因。因而，本研究试图用企业内部研发活动来解释企业发展外部知识影响创新的作用机制。从资源基础观与动态能力视角来看，外部知识通过内部研发活动的作用与内部知识结合而产生的新知识，是企业竞争优势的来源。

企业开放式创新过程中机会识别与内部研发活动两个有序变量是否维系了外部知识与创新之间的关系。企业竞争优势的来源在于异质性资源，而外部知识的特性决定了它难以完全具备稀缺性、难以模仿和不可替代的特点。结合动态能力理论，机会识别与研发活动对更新或重构企业知识基础起到了重要作用，使外来知识具备了异质性特征，有效地促进了企业创新绩效。而机会识别在对未来商业活动的方向和资源配置等方面有效地促进了企业开展研发活动。至此，机会识别与研发活动构成的有序链式中介，为解释企业外部知识获取后的发展问题提供了新的思路，能够有力地解释创新产出的来源。

制度环境特征如何影响外部知识获取与创新绩效间的关系。企业的经营环境在很大程度上影响企业的运营，企业在获取外部知识后的机会识别水平以及内部研发活动会受到嵌入的制度环境影响。考虑到外部知识获取的情境因素，更清晰地解释外部知识获取对企业创新的影响机制，充分地分析在转型经济下，由于各地区发展程度不同而形成的制度环境差异，本书引入了制度环境的调节变量。通过对制度环境调节作用的检验，本书讨论中国企业的外部知识获取的正向影响是否因制度的不同而产生差异。

第四节 结构与技术路线

如图 1.1 所示，本书根据外部知识获取与创新绩效相关研究的梳理，结合基础理论与相关变量文献，深层次讨论所涉及的理论基础，提出研究假设。根据以往研究对所涉及变量的测量，选择合适的量表并设计完整的问卷。通过问卷调查的方式，收集所需数据。在实证研究阶段，运用多种统计方法，对数据进行分析，根据分析结果得出结论并进行讨论，最终得出研究结论，对本研究的理论意义和实践意义做了说明，在探讨本研究不足的基础上对未来的研究方向进行展望。

根据科学的研究范式并结合本书的研究内容，全书结构安排如下：

第一章，本书从现实背景出发，介绍了企业创新的重要作用，外部知识获取对企业创新实践的意义以及封闭式创新的弊端。在理论背景下，通过对开放式创新理论的回顾，初步引出企业开放式的创新行为对企业创新绩效的作用。从这样的现实与理论背景出发，概括现有研究不足，引出本研究的意义和目的。

第二章，对本书所涉及的文献系统梳理，掌握相关研究发展脉络和最新动态，为模型提出和假设提供理论基础。本章对企业创新绩效、外

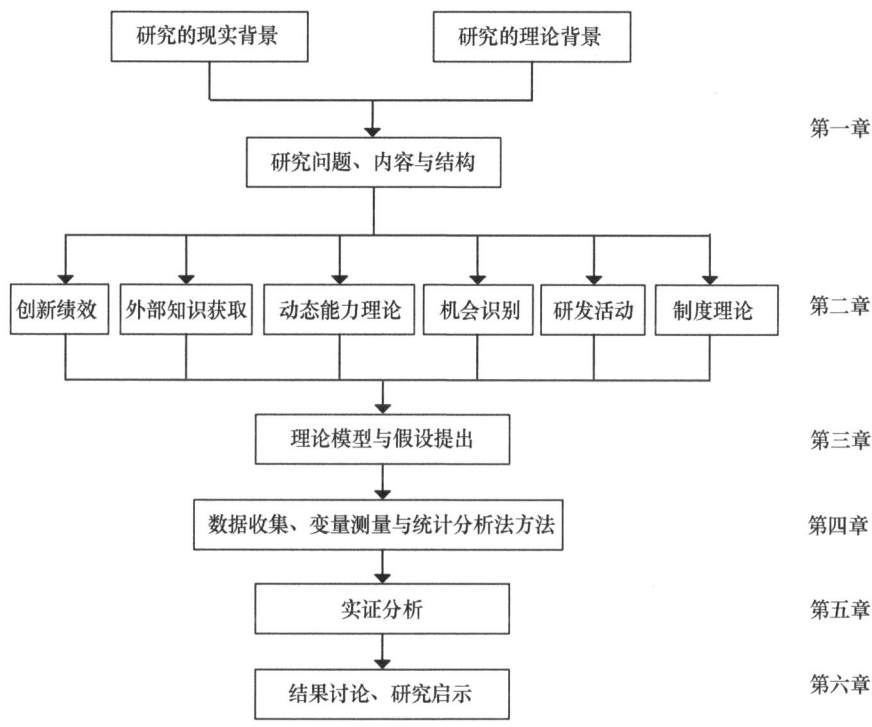

图 1.1　技术路线框架

部知识获取、企业动态能力理论、机会识别理论、企业研发活动以及制度理论做了详细的文献综述。各小节基本按照含义、前因变量和结果变量的形式安排，对动态能力理论和制度理论从内涵、发展和主要观点的结构进行安排。在基础理论和各变量的理解上，为下文理论模型的提出奠定基础。

第三章，通过资源基础视角与动态能力视角的整合，提出本研究需按照资源—动态能力—绩效的基础理论逻辑框架研究。在这一框架下，提出了机会识别、内部研发活动作为动态能力的微观基础，在外部知识获取与创新绩效的正向关系中起中介作用。并对中介模型的每一个关系进行深入分析，提出假设。同时，引入制度环境这一调节变量，解释中介关系的调节因素。

第四章，为了验证本研究的假设，论证概念模型的合理性，为实证研究准备，本章首先介绍了数据收集情况，包括样本选定、问卷发放情况等，并对样本特征进行了初步描述。然后对量表的选择和变量的测量进行了详细阐述。最后，简单介绍了实证研究中需要使用的统计方法。

第五章，实证研究阶段。首先对测量所得数据的信度、效度进行检验，并排除了同源方差问题。描述统计中对数据的基本情况进行表述。运用回归分析、Bootstrap法验证假设，对数据分析结果进行必要的解释。

第六章，总结实证研究结果，并对结果进行讨论，得出结论。阐述研究的理论意义与实践价值。结合以往研究及本研究的观点，指出研究的局限性，并对未来的研究方向进行了展望。

第 二 章

相关理论与研究综述

为了说明本书的研究内容和问题,本章首先对因变量创新绩效的内涵、影响因素及理论前沿进行梳理,为进一步明确机会识别与内部研发活动的中介作用做准备。外部知识获取作为本书的自变量,对它的内涵、特征及获取路径等内容的梳理,同时对知识基础观的相关内容进行回顾,便于分析机会识别与内部研发活动对创新绩效的路径和作用机理。所以,本章对创新绩效的基础理论、知识基础观、外部知识获取、内部研发和机会识别理论分别进行了详细的文献梳理,其中创新绩效理论在已有文献中阐述较多,且是一个较普遍的变量,因此,本研究只对其进行简述。另外,制度环境作为本研究唯一的调节变量,是企业嵌入的外部环境,还需说明正式制度与非正式制度的内涵,对嵌入企业的影响,因此本章还对制度理论的相关内容进行了综述。

第一节 企业的创新绩效

从要素驱动到创新驱动,创新已成为企业保持竞争优势的关键,为企业带来新的利润增长点。而开放式创新在给发展中国家公司带来挑战的同时也带来了机遇,这些企业可以在相对短的时间缩小与发达国家公司的知识基础差距,直接利用已有知识和技术,跨越了漫长的研发过程。同时,创新又是一个由不同主体参与相互作用而完成的过程(Doloreux,2004)。尽管创新具有一定的风险性,市场反馈未知,但创新已经成为很多公司的必然选择。面对客户的多元化需求,保持市场占有率,引入新产品是公司达到这些目的的手段（Wu，2013）。很多研究结论也证实了成功地实施创新战略可以实现高额利润和市场占有率（Han 等，1998；李忆和司有和，2008）。

一 企业创新绩效的含义

创新是在制度规范下对参与交易的人们所产生新思想的发展和应用（Ven，1986）。这一定义聚焦了创新的四个要素，即新思想、创新主体（人）、交易和制度情境。一项创新可以是一个新的思想，可能是一些旧想法的整合，一个挑战现存秩序的方案，被新加入个体引入的新规则或独特方式（Zaltman 等，1973；Rogers，1982）。创新往往伴随着科技的要素，Freeman 和 Soete（1997）借用生物进化的框架来理解科技变迁，认为发明是在科技范围内对优化技术组合的重构式搜索过程。对创新最经典的阐述来自 Schumpeter（1934），他认为创新是企业重新组合生产要素，建立新生产函数，包括生产新产品、采用新生产方式、进入新市场、使用新生产原料和建立新的组织方式。Schumpeter（1934）的定义更贴近企业实践与企业理论研究，得到了广泛应用和认可。

创新可以因新技术的出现而发展，也可以由市场需求引致。20 世纪 50 年代，西方学术界普遍认为产业技术创新近似于一个线性过程，以科学发现为开端，通过产业自主研发，设计和生产活动，并以市场化的新产品或过程为结束（Rothwell，1992），这种对于创新的理解源于技术进步，即"技术推动（technology push）"的创新。20 世纪 60 年代末，Myers 和 Marquis（1969）开始强调"市场拉动（market pull）"或"需求拉动（need pull）"的创新，这种观点强调市场的重要性，这种创新由被感知的消费者需求开始，通过研发活动将新品或过程投入市场，这里的研发活动是一个反映性的活动。后来，这两种创新模型被认为过于简单，而一种平衡模型受到认可（Mowery 和 Rosenberg，1979）。在工业循环的不同阶段，技术推动与市场拉动的差别是很大的，这一观点同时强调二者的重要性。需求拉动可以引致技术创新，而技术创新又可以创造或满足市场需求，二者互相作用，互相影响，在平衡和动态中带来成功的创新。这一观点实际也是本研究对外部知识获取采用市场与技术划分的二维层次的理论基础之一。

企业的创新绩效，通俗地讲，就是由于创新而获取的正向成果，是衡量企业创新效果的指标。企业在市场中提供产品或服务，并不是都以价格低廉取胜，而是受到诸多复杂因素的影响，如产品性能、服务质量、外形设计和功能全面等。而顾客的需求日益变化，技术发展飞速，竞争者不断推陈出新，因此创新是保持竞争优势的条件之一。然而，并非创新就能带来收益，只有成功的创新才能被市场接纳。因此，问题不在于是否创新，而在于如何成功地创新（McEvily 和 Chakravarthy，2002），也就是创新能否带来超出成本的产出。

在测量方面，企业创新绩效的评价并未达成统一的共识。有些学者将专利数量作为企业创新绩效评价的依据，把相应年份企业成功取得专利的数量视为企业的创新产出（Ahuja 和 Katila，2001）。这一评价方式有利有弊，首先，这是一个易量化的评价方式，具有较强的客观性。专利是创新的直接反映，被授予专利的项目都是在可视的用品或程序上进行，不是显而易见的提升和解决方案（Walker，1995）。其次，专利还是有效的技术新颖性的衡量方式（Griliches，1990）。最后，专利承载有产权属性和经济属性（Scherer 和 Ross，1990）。例如，Ahuja（2000）在研究网络特征与创新时使用专利数量作为测量创新绩效的方式。但这种评价方式也有其弊端，创新并非发明，只有可以转化为经济利益、服务于企业或可以市场化的发明才有意义，而专利无法对这些情况进行区分。并非所有的发明都可以申请专利，即便可以申请的也可能并未申请，已有专利所附带的经济价值差异很大（Griliches，1990）。

还有很多学者用多维指标来测量企业创新绩效。例如，一些研究使用年度新产品营业额比例、新产品和升级产品指数来评价企业的创新绩效（Zeng 等，2010；Fischer 和 Varga，2002；Romijn 和 Albaladejo，2002）。还有用新产品营业额比例、年申请专利数以及创新产品的成功率来衡量创新绩效的三个指标（张方华，2010）。解学梅和左蕾蕾（2013）从新设备（材料、技术）数量、劳动生产率、专利增长率和新产品产值占比四维度来测量企业创新绩效。陈劲等（2007）采用了非财务绩效的三个方面，新产品数量、专利申请以及技术诀窍，将专利申请和技术诀窍同时纳入了创新绩效的测量，避免了如前所述一些难以申请技术专利的部分的弊端。也有学者采用李克特量表方式，通过几个维度与竞争对手比较来测量创新绩效。例如，朱朝晖（2008）从新产品开发速度、新产品数量、创新项目成功率、专利申请数量以及新产品销售收入占比五个指标与竞争对手的比对来测量。Laursen 和 Salter（2006）使用了三个指标来测量企业创新绩效，分别是投放市场的新品周期、公司内产出新品的周期以及产品更新周期。Chen 等（2011）使用了六个题的李克特七点量表来测量创新绩效，即和他们的主要竞争对手相比，以下项目中在多大程度上是成功的：新产品数量；新产品销售额占比；新产品研发速度；新产品研发成功率；专利申请数量；行业标准数量。Wu（2013）综合了 Chen 等（2011）、Zhang 和 Li（2010）的研究，围绕新产品使用了六个题项来测量创新绩效，将 Chen 等（2011）题项中有关行业标准数量的题项替换成新产品的创新性。从以上部分测量方法看，虽然题项和题目都有差别，但都围绕新产品和创新性展开，根据实际研究需要使用。

二 企业创新绩效的前因研究

创新活动具有多元性和复杂化的特点，随着创新理论研究和创新实践的不断发展，企业创新行为也不再是企业家独自完成的过程，而是多方参与、多因素交织，互相影响的复杂过程。企业外部网络、交流、联系等是外部影响企业创新的重要因素，而企业内部氛围、领导人特质、组织结构和组织学习等诸多企业内部因素也不同程度地影响企业创新活动。早期 Schumpeter（1942）的创新模型突出了独立企业家个体在创新活动中的重要推动作用，随着研究的推进，不同的利益相关者、客观因素、主观活动等被纳入创新模型，它们互相影响、互相作用推动了创新思想的形成，完成了创新思想的开发过程，企业的创新活动最终形成了企业的创新绩效。这些创新研究揭开了创新复杂性的冰山一角，创新主体需要依赖用户、供应商和创新体系内外部环境的相互作用，创新不再是创新主体独立活动的产物。以下综述简要梳理了国内外关于创新的研究脉络。

以开放式创新为背景的创新研究。这类研究注重企业外部环境以及企业与外部主体互动而导致的创新，强调创新的外部因素，主要的前因变量多集中于社会资本、知识获取和企业间网络等层面，认为这些因素、行为或战略对企业取得良好创新绩效功不可没。Chesbrough（2003）的开放式创新模型指出企业通过内部研发活动所获得的优势逐渐下降，而在内部研发中投入很小的公司却可以获得成功，这源于对公司外部资源的获取。公司边界的模糊或弹性使得内外资源交换更通畅，学者们继续深挖这一研究，进行更多细致的理论推演和实证研究。Shan 等（1994）发现新创生物公司中，公司间合作与创新有相关关系，且这种关系受到公司所处合作网络位置影响。Powell 等（1996）认为在知识基础复杂并且不断扩张，专业技术分散的行业，创新往往发生在网络学习中，而不是个体公司内，通过对生物科技公司的调研发现，嵌入在丰富的合作网络内的公司更容易取得良好的创新绩效。李志刚等（2007）研究了产业集群网络结构对创新绩效的影响，其本质也是企业的网络嵌入，偏重在集群网络中的成员公司情况，研究表明了网络密度、强度、互惠性、稳定性、居间性和资源丰富度都对创新绩效有显著的促进作用。Ahuja（2000）从直接联系、间接联系和结构洞三个维度研究了企业网络对创新的影响，研究发现前两者均能促进企业创新，但间接关系对创新的促进作用受到直接关系数量的影响，而公司间合作网络中增长的结构洞不利于创新产出。Zeng 等（2010）研究了中小企业合作关系网对创新绩效的影响，与其他公司、中介机构和科研机构的合作可以显著促进公司绩效，尤其公司间合作，而与政府部门的合作并未显著影响创新绩效。张方华（2010）同样研究了企业网络相关的课题，不同于 Zeng 等（2010）将企业关系网具体化为不同渠道，这一研究主要从嵌入网络的维度划分，认为关系型嵌入和结构型嵌入都可以提高企业的创新绩效，除此之外，研究人员还发现了知识获取这一重要的中介变量。最近有关协同创新对企业创新绩效的影响研究渐多，这类研究将企业网络视为一个整体，是系统之间的相互影响达到协同效益，但从研究者测量协同创新网络的方式以及协同创新网络内涵来讲，这类研究与企业关系网络的研究类似。例如，解学梅（2010）研究了中小企业协同创新网络对创新绩效的影响，从企业与企业、企业与中介、企业与研究机构、企业与政府四个层面进行了研究，这本质上是企业合作渠道或合作者类型的维度，实证结果表明前三者均对创新绩效有显著的正向作用。随后解学梅和左蕾蕾（2013）又从协同创新网络的特征视角进行了实证研究，从网络的规模、同质性、强度和开放性四个维度研究对企业创新绩效的作用，实证研究结果表明前三者有显著的促进作用，且吸收能力在协同创新网络特征与创新绩效间起中介作用。

以上研究都聚焦于网络特征和合作关系方面，自变量具有一定的客观性。还有一部分研究注重组织与外部主体联系中的行为、战略对创新的影响。Rosenkopf 和 Nerkar（2001）研究了边界搜索对技术革新的作用，非跨组织边界的搜索对技术革新的影响很小，相比之下，跨组织边界未跨技术边界、跨两种边界搜索，对技术革新的促进作用更大。Estrada 等（2016）研究了与竞争者合作对创新绩效的影响，研究发现只有在公司内部知识共享机制与知识保护机制健全的情况下，竞合战略才会对创新绩效起促进作用，这一研究结果表明了战略固然重要，但只有公司的能力、特征与所实施战略配套时，才能取得积极的结果。总的来说，这些研究都表明了公司开放式行为在形成创新机会时的重要性，而组织间不同绩效的产生在一定程度上取决于从事创新活动的企业行为。

另一部分研究集中于探索企业内部的因素对创新的影响，如能力、学习、战略和企业家特质等。Prajogo 和 Ahmed（2006）通过对澳大利亚194位企业经理的调研发现，创新激励（包括人资管理、知识管理和创造力管理）能够正向影响企业的产品创新绩效和过程创新绩效，同时，以技术管理和研发管理为核心的创新能力起到了中介作用。陈劲等（2007）从技术学习的五个层面研究了其对企业创新绩效的影响，影响按显著程度排序为学习内容、学习层次和学习源，同时引入了企业技术能力这一中介变量，但学习源不具有间接效应。朱朝晖（2008）将组织学习从探索性学习和挖掘性学习两个维度研究其对企业创新绩效的影响，在技术动荡程度较低的情境中，只有挖掘性学习显著提高了创新绩效；高技术动荡情境下，二者均对企业创新绩效有显著促进作用。Forés 和 Camisón（2016）研究了不同类型创新的影响因素，渐进式创新受到企业知识累积能力以及组织规模的影响，突破式创新受到吸收能力的影响，组织规模对知识积累能力的影响情况比较复杂，组织大小能够影响企业内部创造知识的能力，但对吸收能力并无作用。

第二节 外部知识获取

知识管理是企业获取竞争优势的关键管理要件（Argote 和 Ingram，2000）。Chesbrough（2003）阐述的开放创新模型明确指出，外部思想对创新过程非常重要，内部研发不再拥有它曾经占有的战略地位。跨出组织边界，从组织外部获取知识，逐渐成为开放式创新环境下的企业战略选择之一，关于这一课题的研究灿若繁星。从资源基础观的角度来说，知识是企业的重要资源，能够为企业带来竞争优势。同时，本研究关注到外部知识转化为企业内部资源的过程，因此，本章从资源基础观入手，延伸到知识基础观，并梳理了外部知识获取内涵、途径、前因以及围绕它的主要研究。

一 资源基础观

资源基础观最早可以在经济学家的论述中找到踪迹，Chamberlin 和 Robinson 认为企业可以维持非完全竞争状态并赚取利润，是企业拥有的资产或能力起到了重要作用（王丰等，2002）。Chamberlin 还对资源进行了具体的解释，如技术能力、品牌知名度、专利、管理者能力等（王丰等，2002）。Penrose（1959）发展了有关企业资源的观点，他将企业看作一套广泛的资源的集合。但 Penrose 的观点并未引起经济学界的广泛认可和关注，主要有两点原因。一是经济学对数学建模的需求，企业资源不具备像其他生产要素那样良好的性质；二是经济学忽视企业的差异，假设企业是没有差异的经济单元。Wernerfelt 在 1984 年刊发的论文 "A Resource-based View of the Firm" 正式提出了资源基础观，指出从资源角度分析企业的重要性，并提出资源位势障碍（resource, position barrier）和资源产品矩阵（resource-product matrices）两个概念。此时的资源基础理论仍未引起研究者的广泛关注，战略理论的主要观点从经典战略理论阶段向产业分析法发展，产业分析法逐渐得到了普遍认可，占主流地位。

经典战略理论在研究中应用了一个单一的组织框架，公司通过实施缓和外部威胁、规避内部弱势、强化内部优势的战略对外部环境的机会做出反应（Andrews，1971；Ansoff，1965）。这种被称为SWOT的分析关注公司内部优势、劣势以及关注公司外部环境的危险和机会，后来的研究逐渐聚焦于竞争环境的危险和机会，Porter（1980）的"五力"模型得到了广泛应用，这也是战略理论研究的第二个重要阶段，以产业分析法为主导的研究阶段。Porter和他的同事（Caves和Porter，1977；Porter，1980；Porter，1985）认为是环境状况成就了高水平的公司绩效，一个产业的竞争结构在一定程度上决定了公司的绩效水平。Porter的理论忽视了公司的内部差异，假设同一产业的公司的战略资源和战略目标是一致的，同一产业间的资源差异会因为高流动性而逐渐消失。实际情况是即便同一产业的不同公司，也会有绩效水平的差异，产业分析法难以解释这一情况。至此资源基础观逐渐得到学者们的关注和接纳。

资源是特定时期归属于一家公司的有形和无形资产（Caves，1980），可以用来实施提升公司效率的战略的一切资产，包括一切固定资产，如能力、公司特质、组织过程、知识、信息等（Daft，2006）。例如品牌、内部技术知识、技术人员、贸易合同、机器设备、高效的流程和资本等（Wernerfelt，1984）。资源基础观的隐性假设是，一个企业的目标是获得竞争优势，并从资源的角度解释了不同公司产生绩效差异的原因。

并非所有的资源都能给公司带来竞争优势，资源需要满足这样几个特征，即有价值、稀有、独一无二和不可替代（Value，Rare，Inimitable，Non-sustainale；VRIN），只有具备这几个特征的资源才能为企业带来持久的竞争优势（Barney，1991）。资源的价值性表现在可以孕育或实施令公司提升效率和效能的战略（Barney，1991），这种价值性在Barney的表述中较为抽象，在不同情境下的价值有具体的体现。资源的价值性与其所处的情境是连贯的，例如Brush和Artz（1999）在研究兽医行业中指出，资源的价值性取决于产品市场的信息不对称特征，更取决于客户供应商关系中具体的信息不对称和提供服务的类型。倘若有价值的资源被很多公司掌握，它们同样可以实施相同的战略，那么竞争优势很难实现，因此资源还需要满足稀缺性这一特点。稀缺性可以理解为，掌握这一有价值资源的公司数量少于完全竞争状态下公司数量，那么这样的资源有带来竞争的潜力（Barney，1991）。有价值性和稀缺性也可以看作是行业先行者所拥有的独特资源，但想保持竞争优势，资源还需具有难以模仿性。难以模仿源于三个原因：公司对资源的持有源于特定的历史情况；资源与竞争优势之间的因果模糊；产生优势的资源具有复杂性（Dierickx 和 Cool，1989）。如果资源可以被其他类似资源替代，那仍然难以产生竞争优势。Barney（1991）对资源性质的论述在战略管理领域得到了广泛应用，这也是传统资源基础观的基本观点。当企业拥有的资源具有 VIRN 特性时，便能够发展其竞争优势，这形成了企业的高额绩效（Liying 等，2016）。传统的资源基础仅从资源的特征方面指出了其带来竞争优势的原因，解释了企业间的绩效差异，但资源在公司内部的发展方式，资源的获取方式，非异质性资源与异质性资源间的关系与转化，并没有给出具体的解释。

对于可以产生竞争优势的资源特性，许多学者都有不同但相似的论述。Wernerfelt（1984）认为具有资源位势障碍和吸引力的资源可以带来高额的回报。Peteraf（1993）指出可以带来竞争优势的四个资源特征，一是异质性资源，可以带来垄断或李嘉图租金；二是竞争事后限制，如果异质性是短暂的，那么租金也会随之消失，具体化为资源的难以模仿和复制，这样可以带来持续性租金；三是难以流动的特点，如不可以交易，或者即便可以交易但其他公司雇员却没有能力合理使用这些资源，转移成本高等；四是竞争事前限制，先于其他公司引入资源定位，则必须为这种定位做竞争限制。

资源对企业获取竞争优势如此重要，获取和培育优质的资源成为企业获得战略成功的关键，而知识作为一种特殊的异质性资源，为企业创造新价值，亦是企业获得竞争优势的主要资源（Barney，1991；Grant，1997；Kogut 和 Zander，1992；Felin 和 Hesterly，2007）。可见，资源对于企业的重要性，而具有特性的资源可以为企业带来竞争优势。但传统的资源基础观将分析视角锁定在公司内部，对资源的来源以及外部资源在公司内部如何发挥作用并未做更深入的研究。

二 知识基础观

战略管理领域的知识基础观（KBV）研究极大地拓展了资源基础理论，很多研究指出知识是新价值创造、异质性和获取竞争优势的主要资源（Barney，1991；Grant，1996；Kogut 和 Zander，1992；Felin 和 Hesterly，2007）。知识型的资源对企业绩效有促进作用（Wiklund 和 Shepherd，2003）。知识基础观认为，由于知识有助于价值增加且具有战略意义，因此，知识是一种极其重要的生产性资源（Grant，1996）。世界经济合作与发展组织（OECD，1996）在知识经济报告中指出，在现代经济中知识和技术已经成为生产力提高和经济增长的驱动力。著名管理学大师彼得·德鲁克认为知识已经成为重要的经济资源，并且是企业获得竞争优势的重要来源，甚至是唯一来源。尤其在动态的市场环境下，对知识资源的运用更加重要（Grant，1996）。而外部知识获取是企业获取知识的重要手段，有利于增加企业产品与服务价值，提升企业竞争力。

知识基础观强调知识的独特属性，尤其是隐喻性属性，这一观点深刻影响了知识的转换与创造。隐性知识和优质的知识管理体系是企业形成竞争优势的关键（Lubit，2001）。Lubit（2001）认为隐性知识比显性知识更难被竞争对手复制，因此，获取和转移隐性知识的能力是发展竞争优势的关键。根据资源基础观的理论，只有那些稀缺的、难于被模仿的、有价值的资源才可能成为企业竞争优势的来源，而知识要成为企业竞争优势的关键，一方面要在企业内有较好的流动性，另一方面要难以被竞争者模仿，而隐性知识的特点恰好能解决这样一个悖论。良好的知识体系可以让知识在企业内部被高效地利用，因此，隐性知识与知识管理被 Lubit（2001）认为是企业创造竞争优势的关键。实际上，知识转换的载体是企业内员工，知识创造的主体也是企业内员工，而企业通过知识实现价值创造活动，需要一个合理的组织过程使储存在不同员工中的隐性知识发挥作用（Nonaka 和 Takeuchi，1996）。Romer（1986）在其影响力非常大的长期增长模型的研究中，对知识的论述颇为经典。他认为对知识的投资有天然的外部性，由于知识很难被完美地保护或保密，由一家公司创造的新知识会给其他公司的生产带来积极的外部效应，知识作为一种投入，有增长的边际产出。除此之外，Romer还区分了人力资本和知识资源的不同，人力资源具有很强的排他性，很难共享，即便是在知识产权保护得非常严格的情况下，知识资源也无法完全排他。

Grant（1996）系统地阐述了企业知识基础观理论，知识基础观已经超越了传统战略管理理论所关注的战略选择与竞争优势，强调了企业理论的很多基本内容，如公司内部协调机制、组织结构、企业的存在和边界等。知识基础观的基本假设认为知识是生产活动的重要投入和首要价值资源，人类所有的生产性活动需要依赖知识。由于市场无法实现隐性知识的流动，显性知识的非排他性有被潜在买主获取的风险，因此，公司是一个知识整合机构，为具有不同知识的个体提供固定时间、场所和经济报酬。这和Williamson（1985）的交易成本理论具有一致性，公司的存在是为了避免市场交易中产生的费用，而知识基础观的角度解读为，公司的存在是为了解决市场中跟知识相关资源的交易费用问题。但Grant（1996）的知识基础观理论局限在企业内部，知识分布在公司内不同的个体间，公司的首要目的是利用已有知识用于产品或服务的生产中，因此，Grant（1996）认为协调公司内不同个体间的知识也是非常重要的，并从组织结构、组织能力上阐述了如何能够高效地进行知识整合。但Grant（1996）并未考虑知识的外部来源。Grant（1996）的知识基础观理论构建了相对完整的理论体系，系统地从知识依赖视角解释了企业存在、企业边界等基础问题，甚至在组织结构和组织能力等问题上都有很大的拓展，这对知识管理理论和实践有巨大的贡献。

知识能够为企业带来价值，势必要通过一定形式在企业内部经历产生与发展的过程。Nickerson和Zenger（2004）认为以往企业知识基础观理论只注重知识交换的效率，忽视了高效地生产知识或能力，有关市场与公司内部知识交换效率的研究也未达成一致，因此构建了一套聚焦问题解决与知识形成的企业知识基础观理论框架。企业经理确定有价值的问题，然后通过寻找针对这一问题的解决方式来发展新知识。由于问题的复杂程度不同，解决问题的方式就会有差异。研究给出了三种治理选择：市场的、基于权威的层级式和基于共识的层级式，并指出了这三种模式的优劣。Sveiby（2001）识别了九种知识转移的路径，分别是知识（1）在个体之间；（2）从个体到外部组织；（3）从外部组织到个体；（4）从个人能力到内部组织；（5）从内部组织到个人能力；（6）外部组织之间；（7）外部组织到内部组织；（8）内部组织到外部组织；（9）内部组织之前。研究者认为知识型战略的形成是从个体能力这种无形资产开始的，个体通过从组织内、外转移和转化知识来完成价值创造。Nonaka等（2000）发展了企业知识创造理论，首先企业为知识创造提供了一个"场所"，企业自身就是这个"场所"的动态配置形式。这里的"场所"是指知识被共享、创造和利用的一个共享情境，由于知识的作用需要通过一定的情境体现出来，如特定的时间、空间，因此相比市场来说，公司能够使知识的利用效率更高。企业的第二个重要作用是创造知识，研究者总结了企业创造知识的四种模式：隐性知识到隐性的社会化模式；隐性知识到显性知识的外部化模式；显性知识到显性知识的整合模式；显性知识到隐性知识的内部化模式。这一研究解释了企业为什么是一个知识创造实体，企业通过上述四种模式持续且动态地进行知识创造。

知识基础观从知识的转移、整合和应用等视角回答了企业理论的基本问题，如企业的存在、企业的形成，随着理论的成熟，应用这一理论的实证研究逐渐增多，知识与创新的联系也更加广泛。创新，作为一个交互学习的过程，实质上是知识的社会化、组合化、外部化和内部化的螺旋上升过程（Nonaka和Takeuchi，1996）。知识基础观的早期观点概括性地阐述了知识与企业创新的关系。Bierly和Chakrabarti（1996）阐述了知识战略的四个需要企业做出决策的方面，内部和外部学习，突破式学习和渐进式学习，调试合理的学习速度，企业知识基础的宽度和深度的平衡。通过对不同企业的战略选择的聚类分析，研究者识别出了四个类型的企业，分别是创新者、开发者、利用者和服务者，并与企业绩效进行比较，创新者和开发者类型的企业会获取相对好的企业绩效。DeCarolis和Deeds（1999）以美国生物科技产业的企业为研究对象，它们所生产的产品较传统产品具有独特的属性，这有赖于企业内以及跨企业边界进行知识搜索，而知识积累也不仅源于企业内部发展，还有对外部知识的同化。Grant（1996）认为企业是一个整合知识的机构，企业利用其管理、维持和创造知识的能力进行新产品的生产活动。近年来的研究开始关注知识的流动性和企业基于外部知识获取的开放式创新模式，有关知识与创新的实证研究逐渐增多。刘洪伟和冯淳（2015）研究了技术并购与企业创新绩效的关系，非相关的技术并购中，主并企业可以获取与原行业不同的新知识，通过与原有知识的融合、互补，能够促进企业创新。但考虑企业原有知识基础后发现，具有宽知识基础的主并企业，开展非相关技术并购对创新绩效有促进作用；而知识基础较深厚的企业，非技术并购不利于企业创新。

综上所述，知识基础观认为知识为企业带来竞争优势，为保持竞争优势，企业要么在内部发展知识，要么从外部吸收知识。很多公司的创新活动需要依赖跨组织边界的外部知识（Leonard-Barton，1995）。所以，合理地实施外部知识获取战略对企业成功的价值创造非常必要。

三 外部知识获取的含义

战略管理研究中，知识通常被定义为经验、诀窍、远见、信息或能力（Dixon，2000）。公司的价值创造依赖于无形的知识性资源（Grant，1996；Wiklund 和 Shepherd，2003），而这类资源的获取无非从外部或内部人员及研发部门处获得（Scuotto 等，2017）。

知识根据其是否容易转移可分为两类：显性知识和隐性知识，二者最大的区别在于，显性知识可以被清楚地表达，因此具有低成本下可转移的性质，而隐性知识只有在应用过程中才能体现，因此难以转移（Grant，1997）。从知识价值来看，通常隐性知识更为稀缺不易获得，对公司生产经营或研发等都具有很高的价值。知识的另一个特征是具有地域性（Roper 等，2017）。相近地理位置所产生的知识可能在结构和内容上具有更多的相似性，对这种地域性的另一种解读，是不同区域的知识丰富程度不同，一些地区比另一些地区的知识更加丰富，这对区域性的创新回报和企业层面的创新具有重要的潜在影响（Beers 和 Panne，2011）。

知识获取活动隶属于知识管理范畴，Quinstas 等（1997）将这一管理活动视为活跃的过程，需要公司将资源配置给知识管理，例如研发经费配置给追踪和同化公司外部知识。一般认为,知识获取是企业获取和同化外部已存在的知识或内部产生的不同于已有知识的新知识的过程(Huber,1991)。韩珂(2015)对知识获取的定义与之类似,他认为知识存在于组织内部或外部环境中,知识获取是将这些知识转化为组织内部的知识,并将转化的知识进行整理,从而形成组织创新所需的知识的过程。显然,外部知识获取增加了对知识源的约束,其来源是跨越企业边界的,而非内部产生。

外部知识获取是企业通过外部学习从顾客、供应商、竞争者和一些合作伙伴等外部关系中获取新知识的过程(周玉泉和李垣,2005)。企业努力获取外部知识,不仅可以通过与用户、供应商、分销商等接触获得市场知识,还可以通过与技术伙伴如科研院校合作获取知识(Fabrizio,2007;Tardivo 等,2017)。Laursen 和 Salter(2006)认为外部知识获取是企业为创新而搜索新想法和技术的方式,利用更广泛的外部主体和资源来支持并实现创新。他们将这一概念分为广度和深度两个维度。搜索广度是指企业在创新活动中依赖的外部知识源或搜索渠道的数量;搜索深度是指企业利用各知识源或搜索渠道的程度(Laursen 和 Salter,2006)。更细致地,如一些研究在探讨国际知识获取时,将国际知识获取定义为从国际市场中获得的知识,如生产、配送、销售和服务等有利于更好地运营市场的知识(Naldi 和 Davidsson,2014)。

虽然对外部知识获取的表述上略有差别,但本质上对这一概念,学术界是没有争议的。例如 McKelvie 等(2008)对外部知识获取的表述,企业从组织外部学习和获取产品或服务、生产、管理运营等相关知识的行为。单纯比对这两个论述的区别,仅在于对"外部"的细分以及对"知识"的描述。而获取的知识要么是市场知识,要么是科学技术知识(Chen 等,2016),如果谈论开放创新的程度,那么可以用外部知识的数量和外部关系的深度来衡量(Laursen 和 Salter,2006)。

由于这一概念在界定时已经比较清晰,在一系列研究外部知识获取的实证研究中,很少有学者再专门论述外部知识获取的内涵。外部知识获取重点强调知识的来源是异于组织内已有知识的。但无论知识的来源是组织内部还是外部,知识获取是企业将新知识内化的结果,是知识的成功转移。企业内部知识的产生源于管理实践、生产实践和研发活动，可以通过人员培训、技术开发等方式获取。企业外部知识主要通过引进外部技术资源和信息资源，可以通过购买专利、租赁、合作等方式获取。组织的知识体系内，新知识产生的条件之一便是知识获取。在原有知识的基础上，经过知识获取、整理、再创造过程，组织的知识体系得以不断丰富（韩珂，2015）。

知识获取的英文表述上，通常有 knowledge acquisition, knowledge sourcing, knowledge searching，实际上，有些研究中知识搜寻（search）更强调搜寻的深度和宽度，而知识获取则多强调知识搜寻宽度或宽度与深度的综合，如 Papa 等（2020）对外部知识获取的测量，改进了 Laursen 和 Salter（2006）的量表，而该量表是测量搜寻宽度的量表。

那么，企业是通过何种途径来获取外部知识的呢？通过对以往文献的梳理，总结出以下几种路径。

第一，企业成立专门工作小组直接获取外部知识。对于有明确需求且易获取的知识，企业通过项目调研的方式获取所需知识，企业可以设立固定的调研员岗位专门从事调研活动，或阶段性地针对某一特殊需求的知识设立临时工作小组进行调研，如公司通过市场调研的方式了解消费者对即将研发的新产品的偏好（朱桂龙和李汝航，2008）。也包含对其他公司产品或服务的模仿性学习。

第二，对于潜在知识或有明确需求但不易获取的知识，如受知识产权保护的专利技术，需要接口权限的专业数据库，外聘专家培训课等，企业可以通过购买的方式获取。

第三，对于隐性知识，很难通过口头传授、调研、观察和购买等方式一次性获取，企业可采取与相关组织合作的方式来获取这些知识。Almeida 等（2003）提出新创企业与外部组织建立正式或非正式的联盟或合作，能够有效地获取外部知识。这些相关组织可以是大学或科研机构，也可以是有业务交叉的企业。

第四，人才引进。人才是知识的重要载体，直接招聘具有特定技术知识的员工是获取外部知识的有效方式，例如一些企业在海外设立研究机构，直接吸纳当地具有技术专长的工程师进行科研项目研发。通过人才引进来获得企业所需要的知识，获取方式更加直接，可以减少知识转移带来的摩擦和损耗，是企业获取外部知识的有效途径（Zander 和 Kogut，1995）。

第五，兼并与收购关联公司（Cassiman 和 Veugelers，2006）。为了节约交易成本，获取供应商、分销商或竞争者的技术资源和人力资源等，可以选择将市场交易内部化的形式，即收购或兼并上下游公司或竞争对手，完全地获取关联公司的资源。这是一种特殊的外部知识获取方式，要求公司具备一定的经济能力与管理能力。Ahuja 和 Katila（2001）的研究关注了企业收购问题，并将收购按照是否含有技术资产分为技术性收购和非技术性收购。其中技术性收购对企业创新绩效有显著的促进作用。

第六，反向工程（reverse engineering）（Roper 等，2017）。对其他公司产出的产品和服务进行拆解和研究，并生产或提供类似产品或服务。这种知识获取的方式存在一定的违规违法风险。

由于知识获取的途径、方法广泛，在众多有关外部知识获取的研究中，研究者的切入角度、对外部知识获取划定的范围存在差异，有些研究致力于全面地概括地论述外部知识获取，有些研究则选择知识获取的某一个或某几个方式来研究。Ahuja 和 Katila（2001）的研究以收购为研究要点，针对收购时是否含有技术性资产，将收购分为技术性收购和非技术性收购进行研究。Vegajurado 等（2009）将外部知识获取按战略和知识源进行分类，分为合作与购买战略，科研机构与产业中介。

Papa 等（2018）则应用了广泛意义的外部知识获取，利用搜寻宽度来测量外部知识获取时，囊括了市场、机构、专业标准、其他四大类 16 项外部知识源。Wu（2013）研究了知识搜索对创新绩效的影响，选择了本地知识搜索和国际知识搜索两个维度，根据地理位置上的划分将知识拆成两类，在一定程度上分辨了与公司原有知识的异质性的差异程度。Roper 等（2017）的研究将外部知识获取分为互动性的知识获取，如合作，以及非互动的知识性获取，如反向工程、模仿等。由此可见，虽然外部知识获取的研究众多，但对知识获取的分类和切入视角的侧重点有很大不同。

对于外部知识获取的测量，研究多从知识源与获取强度上来测量。

Escribano 等（2009）利用七个知识源来测量外部知识流，包括客户、供应商、竞争对手、高校、研究机构、专业期刊和会议。Tsang（2002）在研究从国际合资公司处获取知识时，使用了包含九个题项的测量量表，从获取技术和资质、管理和业务开展三个方面展开研究。Zhou 和 Li（2012）测量市场知识获取的量表参考了 Tsang（2002）的研究，从外部合作者处获取知识的数量和程度作为测量标准，包含三个题项，持续地从顾客、竞争者、经销商处搜集信息。Laursen 和 Salter（2006）在测量知识搜寻宽度时，主要考察外部知识源的数量，分为市场、机构、专业化标准和其他四个部分，共 16 项知识源，最低分为 0，代表完全封闭的创新模式，没有外部知识获取，最高分为 16，代表完全开放的创新模式，外部知识获取程度最高。Papa 等（2020）在研究外部知识获取时沿用了 Laursen 和 Salter（2006）的量表。Chen 等（2011）根据 Laursen 和 Salter（2006）的建议，选取了 10 个类型合作伙伴来测量技术获取宽度，包括典型用户、重要客户、供应商、竞争者、非同行企业、高校与研究机构、技术中介、知识产权组织、风投基金和政府。Wu（2013）研究的自变量为本地知识搜索与国际知识搜索，其测量方式依然采用信息源式，综合了 Laursen 和 Salter（2006）、Chen 等（2011）的量表，除了国际和本地的分类，还选用了五个信息源，分别是建立了与客户、供应商和分销商、研究机构、创新中介机构的联系，监督搜集竞争对手创新信息。通过梳理我们发现，外部知识获取的测量方式非常集中，基本是以知识源数量和获取程度为主，而这些测量中有的更偏重市场知识，有的更偏重技术知识，有些是综合性的知识获取，根据研究者研究内容不同，维度和题项也有一些差异。

四　外部知识获取的前因研究

企业外部知识获取的前因研究主要集中于网络嵌入视角和社会资本视角，但这两个视角的落脚点都是企业通过各种方式加强与外部组织的联系，从而获取更多的有效知识。

企业的社会联系越广泛，企业能够获得外部知识的潜在机会就越丰富。知识产生于企业内部和外部，而产生于外部的知识来源于各个组织间的相互关联,因此,知识创造和创新的关键就在于企业的网络系统,也就是企业可以联系各知识团体的网络(邹国庆,2003)。企业与经销商之间的强关系有助于企业获取有价值的顾客相关信息,如顾客偏好,潜在需求和顾客群体结构等信息,企业与供应商之间的强关系有助于企业获得有价值的原材料市场信息等有价值的知识,同样与竞争者、合作伙伴间保持良好的关系,也会使得企业更容易获得有价值的知识(李纲和刘益,2007)。Quinstas 等(1997)通过实证研究验证了企业可以通过与关键客户维持良好关系来获取有价值的知识。但并非所有的合作关系中,都可以容易地获取外部知识。Almeida 等(2003)通过对新创企业的研究发现,随着企业规模的变大,企业会有更多的机会接触和开发外部知识,但从外部非正式知识源学习的动力和能力却在下降。

  联盟关系为企业的组织学习提供了一个平台,帮助企业从合作者处获得技术和能力(Kogut,1988;Westney,1988)。联盟关系不同于普通的关系,联盟的企业间有频繁的互动,且有深厚的利益基础,是紧密的利益相关者。为了研究向联盟公司学习的问题,Simonin(1997)基于151家美国公司做了实证研究,结果表明,联盟经验的丰富程度可以影响是否获得联盟的技术诀窍,但只有经验不能完全从联盟伙伴处获取最大的好处,经验首先要内化,联盟伙伴处的诀窍也要依经验而做发展才能为未来所用。更具体地讲,如母公司经理经常性地到访合资企业,这种对合资公司的访问能有效促进母公司经理向合资企业学习,促使经理们获得更多的隐性知识,而这些知识是无法通过远距离沟通获得的(Inkpen,1996)。在联盟关系的研究中,有一类是关于国外合资公司间知识转移的研究,通过这样的合资关系,有关技术和管理实践的知识,可以从外国合作者处转移到国内,实现知识的国家间转移。在国际贸易中的买卖双方,由于两国制度文化的差异,很可能难以达到知识获取的目的。Lyles 和 Salk(1996)研究了从国际合资公司的国外合作伙伴处获取知识的影响因素,研究从组织特征、结构机制和情境因素三个方面展开,研究结果表明适应机制方面(如学习能力,清晰的目标)和结构机制方面(如提供培训,技术和管理指导)都正向地影响知识获取的程度,而文化层面的冲突是阻碍知识获取的一个因素。反向的,东道主国公司也可以从国外合资公司获取知识资源，本质上这是一个国际化的过程。Tsang（2002）指出，国际化本身就是一个学习过程，其实证研究表明，从国际合资公司处获取知识，监控工作以及管理介入对知识获取有显著的促进作用，这意味着公司的知识获取依靠做中学，另外，公司是依靠管理主要合资公司获取知识资源的，这揭示了"学习近视"的存在。

企业关系资产（如信任、互通、共识）的长期经营与培育，使各个关系方乐于分享关键知识（张方华，2006）。信任在企业知识获取的外部网络关系里起重要作用，由于隐性知识不易转移，在企业创新过程中起重要作用，而信任是隐性知识得以转移的必要条件之一（Boiral，2002）。企业间的信任程度与企业知识获取量呈正相关（Lane 和 Lubaikin，1998）。张旭梅和陈伟（2009）通过实证研究供应链企业间的合作绩效，认为知识获取在企业间信任与合作绩效间起中介作用，供应链合作伙伴间的信任使合作企业卸下防御，有助于企业间交流，实现企业间的知识流动，因此，较强的信任程度可以促进企业外部知识获取。Ho 等（2018）研究了国际贸易中买卖双方知识获取的情况，由于国家间制度的不同而存在一定的制度距离，这种制度距离一方面为公司学习提供了机会，但也在知识转移和整合过程中制造了障碍。研究表明，国际交易的双方可以通过建立良好的信任关系而克服制度距离带来的挑战，从而顺利地完成知识获取。

社会资本可以提升企业的知识创造、转移和扩散的效率，当企业应对新挑战时，采用内外部知识的整合，可以更好地应对困难胜任挑战，张方华（2006）通过实证研究，认为社会资本的两个维度，企业纵向关系资本和企业横向关系资本在各自阈值水平以上时对企业知识获取呈显著的正向关系，而整体的企业社会关系资本也会在超过一定水平后，对知识获取呈显著的正向关系。

除了以上两类较为集中的前因变量，企业能力、企业战略等也是获取外部知识的一个重要前因。企业能力可能关乎企业是否能与外界组织建立有效的联系，建立联系后能否取得需要的知识。范钧和王进伟（2011）通过对209家企业的调查问卷进行实证研究，构建了网络能力、隐性知识获取与新创企业成长绩效的关系模型，其中网络规划能力为企业明确学习对象、识别知识载体、分析和评估相关知识，同时在发现网络中的新机会消除锁定的陈旧知识，释放创新动力；网络配置能力帮助企业选择和评估外部网络关系，优化知识获取渠道，从而促进企业获取隐性知识；网络运作能力通过搭建与外部网络主体的关系，促进伙伴间信任，从而有利于隐性知识的转移。企业网络作为公司的战略安排，有利于企业获取各种外部资源，实证研究结果也验证了网络能力有利于公司的隐性知识获取。这一研究虽然着眼于企业能力，但与前面所论述的网络视角一脉相承，其落脚点依然是外部联系。

企业的战略不同，意味着企业对加强或保持竞争优势的方式不同，对竞争优势来源的理解不同，因此知识获取的方式和程度上存在差异。而市场导向和企业家导向被认为是开放性的战略导向，在这样的导向下，企业乐于从外部获取知识资源。耿紫珍等（2012）认为市场导向、企业家导向对企业外部知识获取有正向影响，随着市场导向程度的加强，企业与外部关系的联系逐渐增强，随之加大对外部知识获取的投入，但当市场导向过强时，企业会盲目紧跟市场形势而忽视蕴藏的技术机会，研究通过实证检验得出了市场导向对外部市场知识获取有促进作用，对技术外部知识获取的影响呈倒"U"形关系。

五 外部知识获取的主要观点

（一）知识获取的战略选择问题

新知识的获取具有能动性作用，它可以从动机和方法两方面为组织进行创业导向行为、研发新产品或服务以及市场扩张提供支持（Lumpkin 和 Dess，1996；Naldi 和 Davidsson，2014）。知识获取有两个来源从公司外部获取或由公司内部产生，如何选择知识的来源，是公司面临的选择题。

就国家层面而言，大型工业化国家倾向于通过内部研发来创造新产品和生产流程，由于可以通过庞大的国内市场、出口产品、对外投资以及售卖专利，从而从创新中获取较多租金，它们拥有较大的创新动力；而一些发展中国家或小型工业化国家，如巴西、印度、加拿大等，由于它们发展起步晚、资源有限，或它们难以从科技创新中获得租金，因此会极少分配资源到基础创新研究中。它们更乐于采用吸收外国技术然后应用于本国的方式来解决技术创新的问题（Caves 和 Porter，1977；Dahlman 和 Ross – Larson，1987；Braga 和 Willmore，1991）。例如，中国一汽集团，创办之初通过引入国外先进的汽车生产线弥补自身的技术短板，在与德国大众汽车的深度合作中，逐步培育自主研发能力，如今已生产多款自主研发车型，并取得了良好的市场业绩。

就公司层面而言，自有资源有限的公司也乐于采取从外部引进知识的策略。正如 Chesbrough（2003）所述，封闭式创新逐渐过渡到开发式创新。但开放的程度如何选择，依然需要公司管理层敏锐的眼光、对市场的洞察以及对本公司状况深刻的理解而定。Frenz 和 Ietto-Gillies（2009）将公司的知识分为两大类四种，第一大类是公司内部知识，分别有内部自主研发以及部门间知识转移两种；第二大类是外部知识，分为购买技术及合作研发两种。研究者来源不同的知识与创新绩效间关系做了实证研究，研究表明自主研发、公司内知识转移以及购买技术都能促进公司创新绩效，而合作研发对创新绩效的影响不显著。曾德明等（2015）研究了拥有知识基础情况的公司的知识获取战略，研究结果表明，企业知识基础宽泛的情况下，利用研发活动来发展知识更有利于企业绩效；而企业知识基础深厚的情况下，偏向技术引进的知识获取策略更有利于提高绩效。

（二）外部知识获取与创新关系的研究进展

知识是企业的重要异质性资源，知识在企业创新过程中不可或缺，内部知识创造、积累和外部知识获取是企业知识的来源。知识的积累完成于增加、删除、转移、修改或浅显的再次解释过程中（Escribano 等，2009）。这些积累中的一部分知识是来源于公司外部的（Cassiman 和 Veugelers，2002），这是公司创新活动成功与否的关键元素（Rosenberg，1982）。外部知识流对企业创新的重要性在 20 世纪 70 年代便得到确认（Rigby 和 Zook，2002）。创新网络理论强调公司极少依靠自身进行创新活动，在市场中引入新产品和新工序往往要依靠公司与外部机构建立联系的能力（Baptista 和 Swann，1998；Cooke 和 Morgan，1998）。Chesbrough（2003）在他的开放式创新模型中，指出了外部思想影响创新过程的突出作用，进一步提议内部研发已经不再是曾经那样的战略性要素了。源于公司外部与顾客、竞争者和供应商处取得的知识有利于促进公司的突破式创新（Ahuja 和 Katila，2001）。

外部知识获取有利于企业创新绩效。企业在利用已经拥有的稀缺知识资源的同时（Barney，1991），还需要利用组织间学习、合作等方式积极从企业外部获取新的相关知识（Yli-Renko 等，2001；周玉泉和李垣，2005）。资源基础观主要集中讨论企业内部资源所带来的竞争优势（Peng，2003），而忽视了外部环境以及资源的生成、积累或引入方式。外部知识获取对企业创新至关重要，企业创新需要整合各类新知识，而知识的来源占比中，企业外部知识获取占创新所需要总知识的百分之三十（Rothwell，1992）。有关市场和技术的新知识可能会导致公司心智模式（mental models）和应用理论（theory-in-use）的修改和重构（Blomstermo 等，2004）。对知识性资产的再次整合与创造成就了企业创新（Kogut 和 Zander，1992；Nonaka，1994）。可见，外部知识获取对企业创新有一定的促进作用。

在外部知识获取的研究中，有些研究将外部知识获取作为一个整体进行研究，另外一类是研究不同的知识获取战略，如研究兼并与收购对创新绩效的影响（Ahuja 和 Katila，2001），比较不同知识获取途径对创新的影响（朱桂龙和李汝航，2008），互动性知识获取与非互动性知识获取（Roper 等，2017）。总的来说，这些研究都在公司层面展开，深化了对知识获取的理解。

外部知识获取与创新绩效的关系研究。Ahuja 和 Katila（2001）研究了化工行业收购企业的创新绩效，技术收购可以看作被收购公司的知识与收购公司的知识融合，那么收购公司的知识基础就大大增加，产生研究上的规模经济和范围经济，并且加强了收购公司的创新性重组，通过实证检验发现，技术收购中所获知识基础的绝对规模促进创新绩效，但相对规模则降低企业的创新绩效，并且非技术性收购对创新绩效无显著影响。Jordan 和 Segelod（2006）通过对 94 位软件项目经理的访谈分析发现，企业通过加强与外部知识主体和资源的联系来获取的外部知识，可以提高项目创新水平，研究者还建议经理们应该更加注重管理这些外部关系来获取创新战略的成功。朱桂龙和李汝航（2008）研究了我国企业利用不同知识获取途径对技术创新的影响，通过购买、信息搜集等直接方式获取外部知识对技术创新作用较小，而合作以及人才引入则产生显著影响，进一步肯定了隐性知识获取的重要性；而在与科研机构合作方面，大企业更能从中受益，小企业则应倾向于有针对性的项目合作。Frenz 和 Ietto-Gillies（2009）将公司的外部来源知识分为购买技术及合作研发两种。研究者将来源不同的知识与创新绩效间关系做了实证研究，研究表明购买技术都能促进公司创新绩效，而合作研发对创新绩效的影响不显著。Liying 等（2014）利用面板数据研究了中国企业在技术知识搜索问题，与发达国家企业技术搜索不同，中国企业在进行熟悉技术的搜索时获得的技术创新绩效优于生疏技术搜索效果。原因在于中国企业受资源与短期战略目标约束，更倾向于模仿式创新；由于历史原因及路径依赖，中国企业的内部研发能力有限（Liying 等，2014）。Wu（2013）实证检验了国际知识搜索和本地知识搜索分别以及共同对转型经济体中企业创新绩效的作用，通过对 200 多家中国公司的数据分析发现，不但二者单独对创新绩效有积极影响，它们的交互作用亦积极影响创新绩效。学术界对外部知识获取与创新的正向关系给予广泛认可，研究开始关注到外部知识获取战略的各维度对成功创新的重要作用。Chen 等（2011）从外部技术资源的范围、深度与定位三个层次来探讨其对创新的影响，技术创新模式与应用创新型模式的技术获取广度和深度均正向影响创新绩效，技术型合作伙伴更倾向于技术创新模式，而价值链合作伙伴则更倾向于应用型创新模式。

外部知识获取在一些研究中虽然作为中介变量出现，但依然体现了与企业创新的正向关系。Yli-Renko 等（2001）通过对英国企业的研究，认为社会资本有利于知识开发，这里的社会资本包括社会互动、关系质量和客户网络关系三个维度。知识开发指的则是新产品发展，技术多样性与销售费用下降，而外部知识获取是二者之间的中介变量，也就是外部知识获取可以有效地促进新产品发展和技术多样性，同时又能缩减销售费用。耿紫珍等（2012）研究的是企业战略导向与组织创造力的关系，其中市场知识获取与技术知识获取作为中介变量，二者能够显著促进组织的创造力。范钧等（2014）在研究企业网络能力与突破式创新关系时，发现了组织隐性知识获取的中介作用，研究者又将组织隐性知识分为文化型与根植型两种，分别代表组织管理理念相关的隐性知识与组织管理实践相关的隐性知识，通过对浙江省知识密集型服务企业的调研数据分析发现，两种类型的组织隐性知识均正向影响突破式创新绩效。

外部知识获取除了给企业带来正面影响，是否会有"副作用"呢？Laursen 和 Salter（2006）研究了公司外部搜寻战略与创新绩效的关系，实证结果表明搜寻的深度和广度与创新绩效呈倒"U"形关系，在过度搜索的情况下并不利于企业创新绩效。王永伟等（2012）开展了对苹果公司和诺基亚公司的对比案例研究，研究中的技术导入，实际是外部知识获取的一种，是由外部引入企业内部的技术，作者推演了两种情况，一种情况是技术导入被员工接纳，并淘汰了那些不会使用新技术的员工，组织惯例得到更新，优化了的组织惯例提高了员工工作效率，进而使得企业竞争力得到提升；另一种情况却是由于新技术的引入，企业内形成两类员工，一类积极支持新技术，另一类员工支持原有技术，组织惯例未能更新，组织惯例无法指导这种分离的组织行为，反而削弱了组织竞争力。遗憾之处是本研究并未指出导致这两种状况的因素。Roper 等（2017）将外部知识获取分为互动性与非互动两个类别，虽然二者都对企业的创新绩效有积极的作用，但互动性的知识获取通过知识溢出效应能产生良好的外部性，而非互动性的知识获取通过竞争效应会产生负的外部性，反而抑制了公司层面的创新。这一研究不但从公司层面研究了外部知识获取的影响，还研究了创新的情境因素，公司层面的互动及非互动性知识获取行为给地方带来的知识溢出或源于开放的外部性。这在一定程度上解释了知识获取究竟是有利还是有弊，也为政策制定者提供了一定的理论依据。

实际上，外部知识获取对企业创新绩效的作用已经得到了学术界的广泛认可，研究也向着更加细化和深入的方向进行，如研究知识不同维度、知识获取渠道、知识获取的针对性与广泛性等对创新的影响程度，但外部知识获取与创新绩效的因果关系在企业中究竟如何发挥作用，企业如何利用与开发所获得的外部知识依然模糊。

随着研究的不断深入，学者把有关外部知识获取的研究进一步细化，从知识维度、获取途径等多个方面来研究其对企业创新的影响。同时对影响二者关系强弱的调节变量进行了充分探讨。外部知识获取对企业创新绩效的促进作用受到一定条件的限制和约束，二者之间的关系会在某些情况下得到加强或减弱，在研究外部知识获取对创新的影响中，研究者已经发现了很多起作用的调节变量。以下是对二者关系受其他调节变量影响研究的相关内容。

吸收能力是其中一个重要的调节变量。Liu和Buck（2007）研究了国际技术溢出对东道主国家企业创新的作用，研究表明只有在考虑吸收能力后，外国跨国公司在东道主国家的科研活动才能促进东道主国家企业创新绩效，也就是说，国际技术溢出资源与本土企业内在努力共同决定了东道主国家企业的创新绩效，研究的样本选取中国企业，东道主国家企业通过与这些跨国公司的交流接触而学习到产品和技术知识，通过人员流动而雇用跨国公司工作的员工获得技术知识，而外商投资的示范效应可以让东道主国家企业做中学并且通过跨国公司科研活动的创新产出来学习和分析。Escribano等（2009）指出公司在面对外部知识流时吸收能力的重要作用，吸收能力本身就对企业创新绩效有促进作用，外部知识获取同样可以促进企业创新，但面对相同强度知识流甚至同样知识流时，吸收能力水平高的企业则能更高效地利用和开发外部知识，得到更好的外部绩效。而吸收能力发挥的程度还与外部知识环境动荡性以及知识产权保护强度有关，在外部知识环境比较动荡、知识产权保护更加严格的地区，吸收能力在企业面对外部知识流时发挥的作用更显著。这一研究的隐含假设是将企业的吸收能力视为静态的固有的，外部知识获取可能对吸收能力的影响并未纳入研究范畴。

除了吸收能力，有学者发现公司的知识基础、技术能力等企业内部因素也是影响知识获取与企业创新的重要调节变量。李纲和刘益（2007）的研究用实证方法验证了外部知识获取与产品创新的关系，结果表明外部知识获取能够促进产品创新，且二者关系受到知识共享的调节。Vega-jurado等（2009）通过西班牙1000多个企业数据的实证分析发现，通过与产业协会和科研机构的合作或购买获得的外部知识，对产品创新有正向影响，其中供应商依赖型公司与产业中介合作更能促进产品创新，技术型公司与科研机构合作更能促进产品创新，这种影响的强弱受到企业内部技术能力的调节。Zhou 和 Li（2012）的研究认为知识基础对于一个公司而言至关重要，影响其利用知识的效率，具有较深知识基础的公司更容易通过市场知识获取的方式取得突破式创新，而本身就拥有宽广知识基础的公司则通过知识共享更易取得突破式创新，本质上，在市场知识获取与突破式创新关系内引入了知识基础深度与宽度这一调节变量。

组织的特征，如规模、经营年限也会影响外部知识获取对创新的影响程度。Tsai 等（2011）通过跨 6 年的面板数据研究，认为公司年龄可以正向调节二者之间的关系，而公司规模则负向调节二者之间的关系。关于公司年龄对二者之间关系的作用的研究结论并不一致。Naldi 和 Davidsson（2014）通过对瑞典 138 家中小企业的数据进行实证研究发现，国际知识获取对企业创业成长（entrepreneurial growth）的影响，企业成长分为地理性的市场扩张以及新产品或服务的引入，实证结果表明国际知识获取有利于企业的市场扩张，相比于国内市场扩张，这种促进作用在国际市场扩张中更强烈。另外，国际知识获取对新产品引入的作用受企业年龄调节，新创公司更能利用国际知识来完成新产品或服务的引入，而成熟公司却由于国际知识的获取阻碍了新产品或服务的落地。

实际上，无论是吸收能力还是知识基础，都与公司长久以来经营经验的积累相关，那么，是否有某些管理行为能够优化外部知识获取与企业创新之间的关系呢？Tsai 等（2011）通过跨 6 年的面板数据研究，认为外部技术知识获取可以提高产品的创新程度，而公司内部研发活动可以正向调节二者之间的关系。Wu（2013）研究了中国公司的技术知识搜索宽度对产品创新的影响，由于过分宽泛的知识搜索行为产生高额的边际费用，有限的管理注意力水平无法高效地利用获取的技术知识，因此，技术搜索宽度与产品创新绩效呈倒"U"形关系，这一关系受到 CEO 任期的正向调节作用，CEO 任期长的公司因技术搜索获得的产品创新绩效优于 CEO 任期短的公司。Papa 等（2020）沿着研究主线实证了外部知识获取与创新绩效的关系，从人力资源视角切入，认为企业获取的外部知识需要内部员工的整合和应用，引入了员工留任与人力资源管理实践两个调节变量，高水平的员工留任与人力资源管理实践能够正向调节二者之间的关系，这一研究不但丰富了理论框架，也给公司如何更好地利用外部知识提供建议。

除了公司内部因素的调节性影响存在，公司外部也存在能够影响外部知识获取与企业创新关系的因素。Mckelvie等（2008）为了明确在什么情况下知识会产生影响，引入了外部环境动态性作为调节变量，研究发现技术知识获取始终对企业创新有促进作用，而市场知识获取只在稳定的外部环境下才能促进企业创新，在动荡的市场环境下，由于市场需求的高速变换，搜集的市场信息与未来需求的相关度降低，甚至对未来生产的导向是错误的，因此会抑制企业的创新。

那么，组织获取外部知识后是如何加以利用或通过怎样的机制影响企业创新的呢？对于这一问题的研究文献并不丰富，研究有待深入，需要更深刻地被阐述。Liao等（2010）通过对台湾362家知识密集型企业的研究发现，知识获取是通过吸收能力来促进企业创新能力的，即吸收能力是知识获取与创新能力正向关系的中介变量，产业类型起调节作用。这一研究的知识获取没有区分企业内外，是一个综合性的知识获取，既包含企业根据拥有知识发展创造出的新知识，也包括通过外部合作等渠道获取的外部知识。也就是说，对于企业吸收能力在外部知识获取与企业创新之间起中介还是调节作用，研究并未达成一致。赵洁和张宸璐（2014）研究了外部知识获取与突变创新的关系，研究表明二者存在显著的正向关系，内部知识共享起到了中介作用，即外部知识获取通过影响内部知识共享促进企业突变创新，而双元性创新战略中的探索性战略起到正向的调节作用。刘晓敏（2017）通过访谈18位创业者，并对382位创业者进行问卷调查，以创业者视角下隐性知识获取为自变量，研究其对创业绩效的作用，该研究对创业绩效的测量包括创新绩效、生存绩效和成长绩效三个维度。研究结果表明隐性知识获取正向影响创业绩效，且机会能力在二者之间起部分中介作用，机会能力中的一个维度机会识别能力对创业绩效的影响大于另外两个维度的能力，即机会利用能力和机会评估能力。

通过对外部知识获取的研究进行梳理发现，外部知识获取与企业创新已经是很成熟的研究课题,二者之间的正向关系得到了充分的验证以及学者们的广泛认可。研究不断深入地发现能够促进或抑制二者关系的因素,以期为管理理论与管理实践提供更多依据。而外部知识获取通过怎样的机制影响了企业创新产出?企业内又如何能更好地利用外部知识?外部知识进入企业后企业的能力、组织行为是否发生变化?是不是这些变化促成的创新产出?这是现有研究没有给出答案之处,是本研究试图解释的内容。

(三) 外部知识获取的其他结果变量研究

外部知识获取除了为企业创新提供支持,还在其他方面有益于企业的发展和成长,如有利于提高生产率、促进合作绩效等。

吴延兵 (2008) 研究了技术引进对生产率的影响,数据选取了中国1996—2003 年工业面板数据,发现二者之间有显著的正向关系,但由于研发吸收能力处于低水平,导致国外技术引进并未通过内部研发来提高生产率,该研究没有支持技术引进与内部研发共同作用可以促进生产率的这一观点,其根本原因在于企业的吸收能力,在对引进技术的模仿和消化上存在障碍。张旭梅和陈伟 (2009) 研究了供应链企业间的合作绩效,供应链合作伙伴间的信任会提升合作绩效,而知识获取在企业间信任与合作绩效间起中介作用,企业获取外部知识越多,越能促进企业间的合作绩效。范钧和王进伟 (2011) 通过对浙江省企业的抽样调查,经过实证研究发现,隐性知识获取正向影响新创企业成长绩效,隐性知识获取的两个维度,即技能型隐性知识获取与认知型隐性知识获取,经验证,这两个维度均对企业成长绩效有显著的积极作用。

第三节 机会识别

机会识别是一个高度复杂的现象,大量的研究关注到机会识别与发展模型,这些模型基于不同的理论假设,有的基于认知心理学,还有的基于奥地利经济学 (Bhave, 1994; Schwartz 和 Teach, 2000; Singh 等, 1999),战略管理领域的企业动态能力理论也强调了对感知和把握机会的重要 (Teece 等, 1997)。作为企业竞争优势的重要来源,对未来有前景的商业机会的识别与开发已经成为战略管理领域的重要研究内容（Alvarez 等，2013；Ma 等，2011）。

一　机会识别的含义

从广义上讲，机会是为满足市场需求（利益或需要），将资源进行创造性整合并传递更高价值的可能性（Schumpeter，1934；Kirzner，1973）。感知和构建新机会就创业领域的研究而言，机会是一种"手段—目的"关系，通过引入新产品、服务、稀缺材料、市场和组织方法实现新手段、目的或"手段—目的"关系，这种关系可以引入或创造新的价值（Eckhardt 和 Shane，2003）。无论是商业模式，原有产品技术性革新，还是为满足市场潜在需求而研发的新产品或服务都属于这种新的"手段—目的"关系。陈震红和董俊武（2005）认为创业机会与商业机会、市场机会的含义相同，这是一种商务活动的空间，这种具有吸引力的持久的空间能够体现在为消费者增加价值的产品或服务中。Ramoglou 和 Zyglidopoulos（2015）综合了经济学观点和常识性理解，认为机会是存在于外部环境的市场需求，对这种需求的满足可以获得超出产品成本的租金。Baron（2006）阐述了机会的三个核心特点：潜在的经济价值，即具有价值性、实用性以及可适用的特质；新颖性，即创新的，过程创新或产品创新；能被感知的强烈需求。

机会的分类。Eckhardt 和 Shane（2003）阐述了机会的三种分类方式，第一种按照改变的类型而分为四类，分别是源于新产品和服务的机会，源于新的地理市场开发的机会，源于新材料发现的机会，源于新的组织形式的机会；第二种按照机会的资源本身分类，分别是源于市场参与者的异质性信息或外部新信息变动的机会，源于供求关系变化的机会，源于产品价值与利益追求差异的机会，源于变革催化剂的识别；第三种是根据改变的发起者不同而分类，分别是非营利机构发起变革产生的机会，市场中已存在的营利机构发起变革产生的机会以及市场中新成立的营利机构发起变革产生的机会。陈震红和董俊武（2005）根据前人的研究，把机会分为三种类型，即市场机会、技术机会与政策机会，而各种类型的机会又根据来源不同进行更细致的划分，总的来说，市场机会来源于市场上信息、资源的不均衡，技术机会来自科学前沿或技术突破，而政策机会来源于原有规定变动带来的进入壁垒消除等。无论是市场机会、技术机会还是政策机会，必然是经济系统中的均衡被打破或资源配置可以进一步优化，此时资源需要进行重新配置来趋于均衡或趋于更优配置，三种不同机会类型只是打破均衡的方式或资源优化配置的方式不同而已。

那么机会从何而来？对机会自然属性的评定主要有三种观点，本质上也是机会的来源。第一种机会是客观存在的，即机会发现观点。Smith等（2009）认为创业机会是开发无效率市场以追求可视化利益的情况，即在非饱和市场中提供一种新的、更加完善或成熟的产品和服务，稀缺资源或组织方式。这种观点承认机会的客观性，但企业家识别机会是主观的且存在差异的（Shane，2000）。第二种认为机会是主观的，可以被创造的，即机会创造观点。这种观点认为机会可以被创造，是创业者的创造性和思考产生的未来活动（Venkataraman，2003）。机会的组成要素有可能被识别，但机会是被制造的（made），而不是被发现的（found）（Ardichvili等，2003）。第三种是综合了以上两种观点，认为机会处于两种状态之间，既可以通过偶然信息获取收获机会，又可以通过有目的地进行搜索，获取别人不易获取的信息最终形成创业机会（Kirzner，1997）。斯晓夫等（2016）通过对以往文献的梳理，分析了以上三种关于创业机会来源的合理性，认为创业机会既可以被发现，可以被创造，也可以二者兼而有之。对于机会的发现观点，斯晓夫等（2016）认为这是一种具有客观性的"印迹"过程，创业者过往所处的外部环境会像"印迹"一样留在身上，影响其对创业机会的发现。对于机会的创造观点，斯晓夫等（2016）认为是一种具有主观性的"众迹"过程，机会的存在不再依赖客观环境，而是创业者实践和创造性思考的结果。对于机会的发现与识别这一观点，斯晓夫等（2016）认为这是机会发现和构建的过程，并从创业者特质、资源利用和组织形式制度环境三个视角解释了机会兼具发现与创造的特征。本研究基于第三种观点，机会既可以存在于客观环境，又可以被创造或构建，二者之间的关系并不是泾渭分明，可能有重叠部分。但无论是存在于客观环境，还是构建的机会，都必须以客户的需求或潜在的需求为基础，而对机会的发现是对这种需求的发现或对潜在需求的预判，进而生产或提供相应的产品或服务。

机会识别并非简单的机会发现过程，而是努力地搜寻和鉴别机会，发现可以产生价值的机会，同时企业在一定程度上有能力将这个机会商业化。Bhave（1994）认为机会识别是可以满足非均衡市场需求的解决方案。Baron（2006）将机会识别视为个体努力联结变革、事件和趋势之间的缺口以产生新产品或服务的想法的认知过程。Dimov（2007）认为机会识别是创业者通过创造性过程产生商业创意（business idea），并将商业创意开发成一个具有可行性的商业机会（business opportunity）的过程。Gielnik等（2012）将机会识别作为一种心理认知过程，是人们认为他们未来可以抓住新目标、计划、选择和机会的数量。O'connor和Rice（2001）认为企业中的个体是突破性创新中"守门员"的角色，机会识别将组织外部信息、技术与创新联结起来，机会识别通过捕捉创造性创意到初始评估过程来形成商业成果。因此，感知和构建新机会更像是一种搜寻、创造、学习和诠释活动（Teece，2007）。

那么，机会又是如何被发现或识别的呢？Teece（2007）认为企业家发现机会受两个因素的影响，首先是Kirzner的观点，企业家拥有不同的渠道来接触现存信息，其次是以Schumpeter为代表的观点，外生或内生的新知识可以创造机会。Eckhardt和Shane（2003）从经济学的角度解释了市场中价格不能成为机会的识别器，虽然价格系统可以协调市场活动，但价格并不能传达所有信息，市场也只能给出当前商品或服务的价格，未来产品或服务的价格则取决于未来的市场特征，对某一"手段—目的"关系持有异质性信念的企业家更不能向他人分享这种信念。而机会的发现是个体单独或在公司内活动，感知当前不明朗的方法来创造新的"手段—目的"框架。

一些研究认为机会识别分为三个不同的阶段，第一阶段为意识或感知到市场需求和不均衡的资源；第二阶段是在市场需求与特定资源间识别或发现一种新的"匹配（fit）"；第三阶段用商业概念的形式在不同需求与资源之间创造一个新的"匹配（fit）"（Hills，1995）。Lindsay和Craig（2002）更具体地认为机会的形成分为机会搜索过程和形成可能的机会方案的过程。在机会识别过程中，首先需要筛查这是不是一个标准化的机会，要考虑市场、团队和技术等因素，其次是个性化的识别阶段，这个潜在的机会是否适合企业家个体或企业自身。最后在机会的评估阶段，类似于尽职调查，搜集潜在机会的相关信息，确认机会相关的权利，最后决定是否投资。如果评估机会是积极的，但最后没有投资，可能是在相同风险条件下，投资者有收益更高的选择。张茉楠和李汉铃（2005）将机会识别分为机会发展、机会感知和机会评估三个过程。机会发展是某种模糊的想法在企业家脑海中逐渐清晰的过程；机会感知是企业家在机会窗口对机会的一种敏锐洞察力；而机会评估则是具有高度实用性和目的性，是机会是否投入实践的关键一环。

从目前研究来看，对机会识别的测量主要有两种方式，一种重视发现过程，从发现机会的能力与对机会的敏感性来测量；另一种重视发现结果，从发现机会的数量以及机会的创新性来测量。

Ozgen 和 Baron（2007）的研究是目前应用相对广泛的测量机会识别的量表。研究者最初从识别机会的能力（例如，在我没有个人经验的行业，我可以发现新的商业机会）与机会警觉（例如，我对新商业机会有特殊的警觉或敏感）两方面共六个题项来测量机会识别，在结构效度检验中排除了对机会能力的测量，最终选用三个题项测量机会识别，即在日常活动中，我经常有潜在的新商业想法；我对新商业机会有特殊的警觉或敏感；发现新的潜在商业机会对我来说并不容易（反向计分）。Ma 等（2011）从识别机会的能力和当机会出现时的警觉性来测量机会识别，共三个题项，题项设置参考了 Ozgen 和 Baron（2007）。任胜钢和舒睿（2014）使用机会识别与机会开发两个维度测量机会识别，创业机会识别参考了 Ozgen 和 Baron（2007）的研究，共三个题项；创业机会开发参考了 Simon 等（2000）的研究，共三个题项，分别关于资源、问题解决和机会与创业活动融合的题项。Karimi 等（2016）在研究学生创业强度与机会识别时，从个人感知机会的能力与当机会存在时对机会的警觉两个方面来测量机会识别，共九个题项，例如，我能够识别出市场中的商业机会，我对周围环境中存在的机会有特别敏感和警觉。Guo 等（2017）综合了 Chandler 和 Hanks（1994）、Ozgen 和 Baron（2007）的研究，用四个题项来测量机会识别：我乐于思考做生意的新模式；我经常能认识到一些开展新业务的机会（尽管我可能没有实践它们）；上个月我想了很多有关新业务的构想；我经常会有一些可以转化为新产品或服务的想法（尽管我可能没有实现它们）。

Shepherd 和 DeTienne（2005）通过测量识别机会的数量以及机会的创新程度来测量机会识别，单纯的数量并不能确认机会的价值。Detienne 和 Chandler（2004）也采用了识别机会的数量和创新性来测量机会识别，不同的是，研究者是通过实验方法进行研究的。Foss 等（2013）同样从企业识别机会的数量来测量机会开发，不同的是，研究者区分了三种不同的机会，分别是有关新产品或服务的机会；生产技术的机会；市场机会。张玉利等（2008）认为大部分机会属于复制性机会，只有少量机会属于创新型机会，因此，用创业机会的创新性来测量创业机会。使用了 Samuelsson（2004）的研究，共四个题项，分别是资金投入的优先性；申请专利、版权保护的积极性；新产品或服务的独特性；竞争压力。

二 机会识别的前因研究

信息在机会识别中起到至关重要的作用，包括信息的获取、信息的保存、信息的修复、信息的整合（Shane，2003；Ozgen 和 Baron，2007）。很多研究认为信息在机会识别过程中扮演了重要角色，也就是说，发现可行的新商业机会，企业家必须在一定程度上感知、搜集、诠释并应用关于某些具体行业、技术、市场及政策的信息（Ozgen 和 Baron，2007）。

Sarasvathy 等（1998）和 Busenitz（1996）发现某些人能够发现机会是因为他们更高效地搜集和获取信息。Shane（2000、2003）认为获取相关信息的渠道对机会识别有重要作用。有研究从企业家个人层面出发，认为机会识别囊括具体个人的认知结构，通过个人经验组织和诠释信息（Baron，2006）。认知框架有利于人们将看似独立的事件联系起来，而他们在这些事件中感知到的形态可能会形成识别商业机会的基础（Baron，2006）。

社会网络在机会识别中也起着关键的作用。在机会识别的前因研究中，实际上，社会资本与社会网络都是研究的重要主题，本研究将其合并到社会网络部分一同论述。社会资本从信息获取可能性到信息质量，都会影响企业识别机会的概率（张玉利等，2008）。但社会资本对机会识别的促进作用本质上是通过社交活动获得的，企业家从其社交对象、关联企业处获取相关的信息和知识（Ardichvili 等，2003）。创业者在创业过程中追求的不仅是设备、空间和金钱，同样有建议、信息和稳定，而正式与非正式的关系可以为创业者提供重要的信息渠道，有利于捕获创业机会（Birley，1985）。Singh 等（1999）通过实证研究，发现企业家社会网络特征影响机会识别过程，其中网络规模和弱关系数量显著正向影响机会识别的数量。Ozgen 和 Baron（2007）通过实证研究，发现在企业家关系网中，对前辈、非正式的行业关系和专业会议论坛的依赖有利于机会识别。缺乏经验的企业家可以从更有丰富经验的前辈那里获得多方面的帮助，对于前辈的依赖程度越强，越有利于机会的发现；非正式信息网络关系能给企业家提供有效的信息资源，企业家对行业内非正式社会网络的依赖越强，越有利于发现创业机会；通过参加会议、研讨会和工作坊可以获取信息交换，这些活动本身带有明确的主题，显然，这对企业家来说是获取相关信息的绝佳通道，因此，企业家对专业论坛的依赖程度越高，越容易识别新的创业机会。Ma 等（2011）比较了中国台湾与美国的社会网络对机会识别的影响，在美国，关系强度与机会识别呈负相关，结构洞与机会识别呈正相关，而在中国台湾恰恰相反。国家层面的文化差异使得社会网络对机会识别的影响出现了不同的结果。除了对机会识别的研究，还有学者研究了网络关系对所识别机会的创新程度，张玉利等（2008）的研究认为创业者的社会资本越丰富，创业者发现的机会创新性越强，具体来说，创业者的社交网络的多样化程度越高、范围越广、交往对象的社会地位越高，创业者所发现的创业机会的创新性越强，先前经验在二者关系中起到正向调节作用。

　　企业家警觉有利于机会识别。Kirzner（1973）在《竞争与企业家精神》一书中论述了机会的本质，Kirzner 认为信息的不对称是机会的重要来源，并且从信息与企业家警觉两方面论述机会方发现，警觉性高的企业家能够更有效地发现市场上存在的信息不均衡，因此更容易识别创业机会。Hisrich（1990）认为具有高警觉的创业者更重视信息的获取，并且对承载潜在机会的信息很敏锐，更容易发现机会。Gaglio 和 Katz（2001）认为警觉心理模式在机会识别中至关重要，企业家警觉是一组特殊的感知与信息获取技能，是机会识别过程的认知动力。

先验知识。有着丰富职业经历与创业经历的企业家对其所涉猎的领域有更深入的理解，掌握了一定厚度的相关技术、市场、资源等有价值的知识，这非常有利于发现新的创业机会（Cohen 和 Levinthal，1990；Ronstadt，1988）。先前知识与经验有利于企业家的机会识别，关注新信息的价值需要企业家原有经验和知识储备，因此企业家容易识别那些他们熟悉领域的创业机会（Shane，2000；Shepherd 和 De Tienne，2005）。Shane（2000）进一步说明有丰富从业经历的创业者由于其积累的扎实知识，形成了其独有的"知识走廊"，即便在和竞争者面对同一信息时，经验丰富的企业家能更深刻地诠释信息的内涵，发现商机。Ardichvili 等（2003）基于前人的理论和实证研究，发展了一个机会识别过程的理论框架，研究认为企业家特质、社会网络和先验知识是商业机会警觉的前因变量。而企业家警觉作为有效机会识别的必要条件，在机会识别全程（机会识别、机会发展和机会评估）都起重要作用。

其他因素。刘晓敏（2017）实证研究了以机会识别能力为中介变量的创业者视角下隐性知识获取对创业绩效的作用，机会识别能力在二者间起部分中介作用，隐性知识获取有助于机会识别能力的提升。张浩等（2018）认为具有反事实思维的创业者更容易发现机会，反事实思维是指事后对事件可能出现的其他结果进行心理模拟，这种思维有助于创业者总结过去经验，同时避免未来触发同类错误，从这两点来说，具有反事实思维的创业者更易发现机会，实证结果也验证了反事实思维对机会识别的促进作用。于晓宇等（2019）研究了个体层面和组织层面的失败学习对企业新产品开发绩效的作用，研究发现利用式机会识别与探索式机会识别在二者之间的正向关系中起链式中介作用，个体失败学习和组织失败学习都能促进利用式机会识别，组织失败学习能够促进探索式机会识别，同时利用式机会识别有利于探索式机会识别。

三 机会识别的结果变量

O'connor 和 Rice（2001）通过对大型成熟企业的案例研究，认为机会识别能够促进企业突破性创新，机会识别是突破性构想到创新评估的桥梁，最终促成商业化的成就。技术活动依赖技术机会，技术机会成就了美国一半以上的制造业创新活动（Braga 和 Willmore，1991）。技术机会关系到可以将研发资源转化为产品的新技术的可能性（Patrik 和 Andreas，2003）。刘晓敏（2017）通过访谈 18 位创业者并对 382 位创业者进行问卷调查，构建了隐性知识获取、机会识别能力与创业绩效三者关系的模型，机会识别能力在隐性知识获取与创业绩效间起部分中介作用，机会识别能力正向影响企业创业绩效。Park（2005）针对新创高技术企业研究了机会识别与创新绩效的关系，研究认为机会识别能够促进新创高技术企业的创新绩效，而这个过程中受创始人、企业知识和经验、技术要素的相互影响相互作用，最终成就了企业创新。Gruber 等（2008）认为企业家利用一套可选的市场机会集合进行创业，可以获得收益，集合中市场机会数量与公司绩效呈正相关，但边际收益递减。于晓宇等（2019）研究了个体层面和组织层面的失败学习对企业新产品开发绩效的作用，研究发现机会识别在二者之间的正向关系中起中介作用，机会识别的两个维度，利用式机会识别与探索式机会识别都有利于企业新产品开发绩效。Guo 等（2017）实证研究了机会识别与绩效之间的关系，机会识别会带来更高的企业绩效，但并非机会识别本身自动引起了企业绩效的提升，其中商业模式创新在机会识别与中小企业绩效间的正向关系中起中介作用，机会识别会促进企业的商业模式创新，从而提高企业绩效。Gielnik 等（2012）在研究企业控制人年龄与企业成长的负向关系中引入了机会识别，研究发现机会识别有利于企业的成长绩效，研究者将对机会关注视为一种心理层面的认知机制，具有较强的目标导向，因此可以促进个体绩效，最终体现为企业成长绩效。

第四节 内部研发活动

研发活动是企业创新的重要途径，为企业赢得长久的超额利润和竞争优势，很多企业单独设立研发部门，加大研发投入力度，为新产品和新服务的研发与技术更新提供强有力的支撑。内部研发活动的强度、质量代表了一家公司的科研实力，其所属产品是否具有高技术含量，在业内地位，受消费者追捧程度都受企业科研实力的影响，在很大程度上会影响企业未来的发展和生存。而研发活动的开展又受限于企业的战略眼光和经济实力等多种因素，绝非一味地研发投资就会带来良好的市场回馈。对企业研发的研究从早期的理论推演到实证研究，研究层面也从宏观到微观，研究越来越细致、越来越多元化，从探讨内部研发的影响因素，到研究内部研发的结果变量，并细化到情境因素等有关边界条件的调节变量。

一 研发活动的含义及主要观点

研发活动是指致力于提升科学技术知识，并将这些知识应用于创新、优化产品与流程的标准化研究与发展活动（Hagedoorn，2002）。Lukas 和 Bell（2000）认为研发活动是企业的探索和开发活动。探索意味着对新知识的探索和尝试，开发强调对现有知识的利用。在企业研发的情境下，探索意味着发现新产品的创造性过程，而开发的意义则在于对现有产品的扩展优化。一个公司的研发能力的重要性可以随着组织的战略位势变化而变化（Lukas 和 Bell，2000）。具体而言，就是企业的探索能力对于企业业务增长比较重要，由于探索能力聚焦企业新产品的发展，这会扩大企业的市场平台并有利于产品多元化，而在产品周期的成长阶段，对产品设计和生产的弹性有所要求，开发可选择的产品组合是研发活动的主要任务；开发能力则对于组织的市场份额比较重要，市场份额较高的组织面对更大的市场退出屏障，因此，这类企业需要扩大产品线使同一产品平台的产品收益最大化。

研发活动效率对于企业盈利、发展至关重要。技术突飞猛进的发展，各行业标准趋于完善，企业竞争程度的加剧，对企业管理、战略和研发等方面形成了巨大挑战。以医药行业为例，其发展面临一系列外部压力，如专利到期带来的利润下滑，监管越发严苛以及成本受限的医疗体系，这些外部不利因素要求业内企业大幅增加创新的、具有成本效益的新药的数量和质量，企业科研人员也致力于最有实质性影响的具体战略，如提高研发生产率（Paul 等，2010）。

企业的研发能力会随企业发展而有所变动，研发能力的演化问题逐渐受到学者的关注。Nerkar 和 Paruchuri（2005）从公司内知识网络的视角分析了研发能力的演化问题。研究者认为研发活动是通过重组现存知识而发展新知识的活动，这种重组可以使企业保持长期的竞争优势。那么重组活动中会伴随对知识的选择问题，而利用知识方面的决策会导致能力的专业化发展。进一步而言，研发能力的问题就追溯到如何对知识进行选择。由于有限的推理，不确定性以及信息的不充分，决策者必须对未来时间有一定的预判。而研发活动中发明人的网络中心度和跨结构洞的程度会正向影响决策者对他们持有知识的选择。这一研究加深了对研发能力演化的理解，研发能力的演化受到重组过程中知识选择的影响。

企业研发的边界正在逐渐从封闭式研究向开放型研发转变，企业在面向创新的研发过程中越来越依赖外部资源（Calantone 和 Stanko，2007）。由于企业的内部研发活动受限于企业的人力资本与经济投入，且研发活动具有风险高、周期长的特点，一项研发投入未必能在限定时间内完成目标任务，具有一定的不确定性。外部资源的引入，可以迅速弥补企业科研上的短板，在短时间内获取所需的技术，应用于产品生产。因此，引入外部技术资源可以在一定程度上减小企业面临的挑战，如产品生命周期缩短、产品更新速度加快和研发费用增长（Rigby 和 Zook，2002）。

企业的研发活动通常集中在实验室研究、质量控制、雇佣科学家与工程师、确认可选择的用途以及引进新产品与新程序（Helfat，1997）。Lukas 和 Bell（2000）从探索和开发两个维度测量研发能力，其中探索用研发部门产生新产品构思的数量测量，开发用产品线扩张的数量来测量。

Horowitz（1962）的提议比较合理，从三个题项来测量内部研发活动强度，是否设置专门的研发部门，研发人员数量（雇员总数），内部研发投入与销售收入比。由于关于研发的各项活动都伴随着经济支出，研发投入在一定程度上反映了企业的研发水平，Liying 等（2016）的研究使用了人均研发投入作为对企业研发活动的测量。

二　内部研发活动的前因研究

一个企业是否开展研发活动以及研发活动的实施强度受很多因素影响，包括外部的环境因素，这些因素通常是客观存在的，企业无法根据自己的意志转变，如竞争强度、技术机会等。另外，企业内部的一些因素也会影响企业的研发活动。

（一）影响企业研发的外部因素

竞争强度。竞争强度对企业研发强度的影响与研究结论并不一致，但随着研究的深入，限制条件的加入，这一影响因素的边界条件越来越清晰。Schumpeter（1934）在《经济发展理论》一书中预测产品市场的竞争与企业研发强度呈负相关。Horowitz（1962）通过实证研究验证了Schumpeter（1934）的预测，发现产业集中度较高的行业，企业设置研发部门的可能性越大，研发投入占销售收入的比重越大。Patrik 和 Andreas（2003）利用瑞典企业层面数据，有效地控制了公司和行业的影响，并用赫芬达尔指数、市场集中度、利润占比三个指标来测量竞争强度，结果同样验证了 Schumpeter（1934）的观点，竞争会限制研发活动而不是扩大。冯飞（1995）从理论上对竞争和研发强度的关系进行论述，与上述研究持相反观点，当市场管控严格，有垄断出现或准入壁垒强大时，新企业由于进入困难缺乏创业热情，具有垄断地位的企业缺乏竞争而怠慢研发。

技术机会。冯飞（1995）的理论推演认为技术机会对研发活动的影响受到情境变量的调节，在发达国家，技术机会会促进企业研发活动的开展和强度，而由于发展中国家企业受到自身技术能力限制，这一促进作用并不显著。技术机会关系到将研发资源转化为产品的新技术的可能性，Patrik 和 Andreas（2003）认为当技术机会和产品发展较高时，企业的进出率是较高的,因此,把企业周转率作为技术机会的替代变量,通过分析企业进出率的数据发现,技术机会与企业研发强度呈正相关。

(二) 影响企业研发的内部因素

企业规模。理论研究的普遍观点认为大公司对其市场地位有强烈的保护欲望,且有足够的经济实力支持研发活动;但也有研究得出相反结论,认为小公司虽然设置独立研发部门的可能性偏小,但它们通过外购的形式进行研发投入。Horowitz(1962)通过实证研究检验得出公司规模对研发投入的正向影响,而规模较小的公司也有研发意识,可能不会设立专门的研发机构,但可以通过企业外部购买实现研发需求。冯飞(1995)从理论上论述了对影响企业研发活动的因素,其中企业规模可以影响企业是否开展研发活动和研发活动强度两个方面。与对企业规模影响研发强度的结论并不一致。刘国新和李勃(2001)的实证研究证明了企业规模与研发投入呈正相关。王任飞(2005)认为研发活动具有规模效应,使得大企业更具有优势;大企业可以通过合理分配研发活动布局,降低风险;大企业的市场地位具有优势,其研发活动的获利能力更强;大企业的科研人员更多,促进了研发效率和产出。王任飞(2005)通过中国电子信息企业数据的实证分析,验证了理论假设,结果显示企业规模大小与研发支出和支出强度均成正比。Acs 和 Audretsch(1990)发现小公司拥有与它们规模大小不成比例的更大的创新份额。Patrik 和 Andreas(2003)总结前人研究,资本市场的不完善,研发活动的渐进式回报,大公司有能力承受这种长期产品运营、研发和其他活动间的互补产生的研发支出。但 Patrik 和 Andreas(2003)对瑞典雇员多于 50 人的生产型企业十年间的数据进行分析,并未发现对这一结论的支持,反而得出小企业的研发份额与它们规模的大小并不成比例。

股权性质。李丹蒙和夏立军(2008)的研究认为由于研发活动具有高度的不确定性,由于国有企业可能存在政企无法剥离的情况,难以精准给予研发人员合理的绩效奖励,而且研发投入会减少当期的会计利润,这限制了国有企业高管激励研发活动的行为。另外,市场化进程对非国有企业研发活动的影响更大,政府投入对国有企业的研发活动激励更大。

出口导向。Braga 和 Willmore（1991）研究了巴西企业的出口数据，统计结果表明出口强度对企业研发活动有促进作用，包括开展互动的概率和强度两方面。冯飞（1995）从理论上说明，由于出口导向将企业置于严酷的国际竞争中，只有保持产品的优良特性才能得以应对市场变化赢得竞争优势，因此应刺激企业进行研发活动；经验丰富的企业在创新过程中受到的阻力较小，这类企业更倾向开展研发活动。王任飞（2005）也持相同的观点，并用电子信息行业企业的数据验证了企业出口占比对研发活动的积极作用。

其他因素。Patrik 和 Andreas（2003）对瑞典雇员多于 50 人的生产型企业十年间的数据进行分析，研究发现资本强度和人力资本会正向影响企业研发，而公司所有权类型（国有、私营和跨国公司）并未对研发强度产生显著影响。但由于研究者的数据限制，实际上，他们的研究用了大量的替代变量，因此其研究结果的广泛性受到一定的限制。王任飞（2005）认为由于研发活动需要资金的保证，因此盈利能力强的企业会对研发活动有充足的资金支持，且实证研究也验证了企业利润率对研发活动的正向作用。王任飞（2005）还对一些因素做了理论假设，认为公司差异化战略、人力资源、低杠杆率的资本结构、高资本强度、非国有企业、丰富的技术创新经验积累和上市公司等因素会促进公司研发活动，但未给出实证检验，仅停留在理论假设阶段。刘立（2003）从资源基础观的角度对影响研发活动的因素进行了理论分析，认为企业的自有资金丰富程度对研发活动起促进作用，而高负债率则会降低企业研发活动。

三 内部研发活动的结果变量

大部分实证研究表明，企业的研发活动与企业绩效呈正相关。王玉春和郭媛嫣（2008）利用上市公司数据对企业研发投入与产出绩效进行了实证分析，认为上市公司的研发投入与企业盈利能力呈正相关，虽然其产出绩效具有滞后性，但存在累积效应，企业前期的研发投入促进后期产出，且持续的研发投入会更好地促进产出绩效。王红霞和高山行

（2009）通过问卷调查，对企业研发投入与创新绩效进行了实证研究，研发投入会增加企业的新知识新基础，提高企业的创新能力，从而提高创新绩效。另外，资源利用在二者的关系中起部分中介作用，研发投入使得企业更加合理地利用资源，而资源合理利用又加强了企业创新。于成学（2009）通过中国科技统计年鉴的数据对研发投入与绩效进行了广义差分回归分析，结果表明我国企业研发投入与绩效增长呈正相关。具体来讲，企业研发投入对企业绩效增长的贡献率达到了 56.6%，这一数据肯定了研发投入对促进企业绩效增长的重要作用。冯文娜（2010）通过实证研究发现，企业研发投入与创新绩效呈正相关，有利于专利产出和新产品生产，促进企业的盈利能力，但并未发现科研人员投入强度与创新绩效的正向关系，甚至有较弱的负向关系，与专利产出和新产品绩效无显著关系。Hu 等（2005）利用大中型公司数据做了实证研究，研究发现研发活动可以带来短期的垄断收益，使企业获得市场优势，从而获得高回报，技术转移只能通过与内部研发活动的交互作用来实现对生产的促进，技术转移不能使企业产生专利性知识，只有开展内部研发活动才能创造专利性知识，有效的技术转移是需要研发活动这一过程来进行应用的。Scuotto 等（2017）通过对中小企业数据的实证分析发现，企业使用信息与交流技术可以增强员工间的合作与知识共享，产生新想法并有利于企业内部项目的进展，因此，信息与交流技术的应用有利于企业内部研发活动，进而刺激企业的创新绩效。宏观层面内部研发对经济增长也有巨大的推动作用。吴延兵（2008）通过分析中国 1996—2003 年工业面板数据发现，自主研发对生产率起显著的正向作用。

不确定的结果。Chan 等（2001）检验了公司股票价值与无形资产的关系，尤其是企业研发，实证结果显示研发投入与股票回报并无直接关系，尽管平均市场价格包含对研发活动未来收益的期待，但是由于这种无形资产是缺乏会计信息的，因此会引起股价波动。

通过梳理以往的研究可以发现，研发虽然具有风险性，但它与企业绩效的正向关系得到了学术界的广泛认可，随着研究的细化，对其时滞和积累性也有了更清晰的认识。更新的研究指向了企业内部和外部的情境因素对这二者关系的调节作用，如产业结构、制度环境、公司治理等方面。Hanel 和 St-Pierre（2002）利用二手数据对影响企业绩效的相关因素进行了实证研究，结果显示企业研发对企业绩效起直接的积极作用，研发投入对企业绩效的影响程度受到企业利用研发成果的能力调节。解维敏和唐清泉（2011）利用 2002—2006 年沪深上市非金融公司数据对企业研发投入与绩效的关系做了实证分析，理论上研究者再次肯定了研发投入与公司绩效的正向关系，并探讨了这一强关系中的情境因素。当产权保护完善时，企业被侵权的风险会降低，创新收益能得到充分的法律保证，这会加强研发与绩效间的关系。在产权方面，国有控股公司负有更多的社会责任，其研发投入受到政府干预倾向于基础创新，这偏离了商业目标，因此，国有控股公司的研发投入对绩效促进作用较非国有控股公司低。从股权集中度来看，大股东为谋取私人利益，会忽视公司长期发展，但当大股东持股比例进一步提升时，其有动机实施研发活动以谋求公司长期发展，因此，大股东持股比例对研发与绩效的影响呈"U"形关系，这些观点也得到了数据的支撑。张洁（2018）通过对创业板 300 余家公司的数据进行回归分析发现，与以往的正相关不同，研发投入与创新绩效呈倒"U"形关系，即当研发投入超过一定强度时，创新绩效会下降，原因在于随着研发投入增多，由此产生的边际收益减少，同时冗余的研发投入使得企业无法合理分配、管理资源，反而抑制了企业创新。同时研究者还对这一关系的边界条件进行了探讨，资产流动性有利于研发投入与创新绩效的正向关系；而技术积累在二者之间起负向调节的作用。

第五节 企业动态能力理论

企业动态能力理论的提出在一定程度上解释了资源基础观未能解释的问题，如资源基础观虽然强调了有价值资源的重要性，但并未解释如何培育有价值资源，以及企业能力如何演化等问题（贺小刚等，2006）。资源是非能动的，而组织具有能动性，资源只有在组织这一具有能动性媒介的作用下，才能为企业创造价值。企业管理者的责任之一便是这种能动性的执行者，他们将资源投入相关产业，通过对资源的培育、保持和整合，赋予这些资源相应的顾客价值。企业动态能力理论在资源基础观静态的资源与竞争优势的关系中引入动态因素，更有力地解释了企业竞争优势的来源，有利于理解不同企业间的绩效差异。企业获取外部知识后，需要组织内部的再加工过程把外部知识与内部知识进行整合来提升过程和产品（West 和 Bogers，2014）。因此，在"外部知识获取—创新绩效"这一关系中，企业动态能力在企业获取知识后起到了一定的作用，从而促进了企业创新，本节将对企业动态能力理论的含义、维度和主要观点做文献回顾。

一 企业动态能力的含义

企业动态能力的研究开始于 1997 年 Teece 等在 *Strategic Management Journal* 上发表的"Dynamic Capabilities and Strategic Management"一文，掀开了战略管理领域用企业动态能力解释优势绩效的热潮。企业动态能力理论更关注企业内部能力将资源转化为企业优势绩效（Barney，1991；Teece 等，1997）。通过对以往文献的梳理发现，对企业动态能力的研究分布在组织层面、个人层次以及跨层研究。本研究按研究层次不同对企业动态能力的内涵以及与企业竞争优势的关系进行梳理。

（一）组织层面的企业动态能力研究

Teece 等（1997）将企业动态能力定义为企业整合、建立和重构内外部能力以应对快速变化的环境的能力。在用企业动态能力解释企业竞争优势时，Teece 等（1997）认为这依赖不同的组织和管理流程，这一流程应具有难以被复制和模仿的特点。而企业的位势和它采用或继承的演化路径可以塑造组织和管理过程。在这样的逻辑下，企业动态能力实际包含组织和管理流程、位势和路径三个内容，并且每个方面都对应着丰富的理论，如图 2.1 所示。

Eisenhardt 和 Martin（2000）用了具有可操作性的方式解释动态能力的属性，并克服了原有解释中的同义反复的问题。动态能力是企业使用资源的流程，尤其是整合、重构、获取和释放资源的流程，以适应动态市场变化，是在市场新兴、碰撞、分裂、发展和消亡时完成新资源重构的组织和战略惯例。例如联盟、战略决策和产品发展都属于这样的流

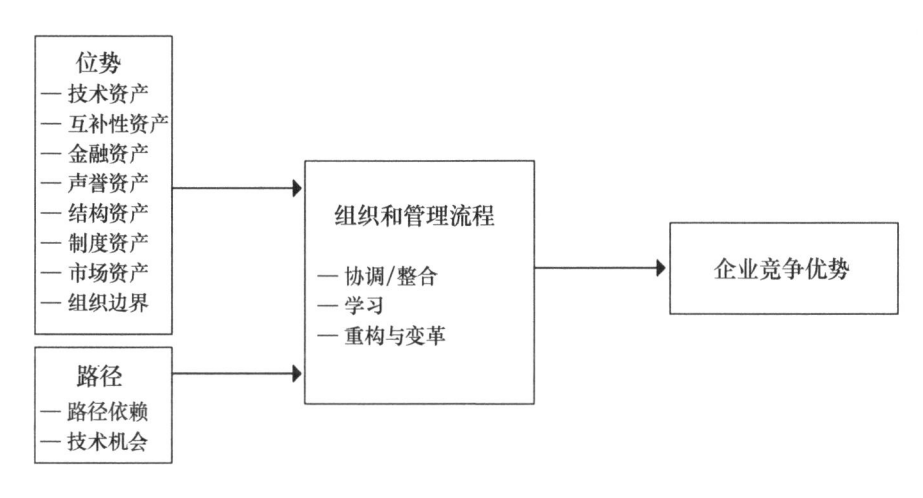

```
┌─────────────┐
│ 位势        │
│ ― 技术资产  │
│ ― 互补性资产│
│ ― 金融资产  │──┐
│ ― 声誉资产  │  │    ┌─────────────┐
│ ― 结构资产  │  │    │ 组织和管理流程│      ┌──────────┐
│ ― 制度资产  │  ├───▶│ ― 协调/整合 │─────▶│ 企业竞争优势│
│ ― 市场资产  │  │    │ ― 学习      │      └──────────┘
│ ― 组织边界  │  │    │ ― 重构与变革│
└─────────────┘  │    └─────────────┘
┌─────────────┐  │
│ 路径        │  │
│ ― 路径依赖  │──┘
│ ― 技术机会  │
└─────────────┘
```

图 2.1　动态能力理论框架

资料来源：根据 Teece 等 (1997) 整理。

程。在解释企业竞争优势方面，Eisenhardt 和 Martin (2000) 认为动态能力本身并非企业竞争优势的来源，而是通过动态能力创造的资源重构。

Winter (2003) 用一种高阶能力的理念概括了企业动态能力，将维持企业短期生存的能力视为企业的基础能力，而将可以扩展、修正和创造普通能力的能力视为动态能力。但 Winter (2003) 批判了对动态能力的泛化，认为以往研究有夸大动态能力与企业竞争优势关系之嫌。他提出"特定问题解决"在一定程度上也可以应对外部环境的新挑战或其他一些不可预料的事件，并且当没有问题需要解决时，公司是不会产生成本的。Winter (2003) 强调没有任何一种方法可以解决所有的偶然事件，财富积累是没有一般性法则的。

虽然学者们对动态能力的内涵界定上有一定差异，但本质上是相近相通的。除了强调其适应环境变化的特质，还强调了动态能力的自我修正属性。例如 Teece 等 (1997) 不仅指出流程是企业竞争优势的来源，同时还指出位势和路径对流程有塑造功能。Winter (2003) 用高阶能力来描述动态能力，实际是对基本能力的一种优化。在概念界定时，学者们已经赋予了动态能力自我更新的这一特别属性,这也是后来研究者所强调的变革更新动力。

(二)个人层面的企业动态能力研究

动态能力的微观视角更强调企业管理者的重要作用,将对企业绩效差异的解释转向对个体企业高管差异上。

Adner 和 Helfat(2003)提出了管理人员的动态管理能力,用以处理组织资源和能力,这解释了在面对变动的外部环境时,企业在决策和绩效上的异质性。企业决策由高层管理人员做出,而决策的正误来自高层管理者的判断,不同个体对问题的不同评估会导致决策以及公司绩效的差异。因此,公司绩效差异问题转向了企业高级管理者差异上。而动态管理能力的三个方面——管理人力资本、管理社会资本以及管理认知,解释了高层管理者的差异。

Helfat 和 Peteraf(2015)在 Adner 和 Helfat(2003)研究的基础上对微观动态能力做了更深入的解释,从认知的角度说明了管理者在应对环境变化时的预期、诠释和反应时表现的差异。认知能力是管理者在执行获取、组织和加工信息这些脑力活动中表现的能力。认知能力的几个方面都会支撑管理者的动态管理能力,如领悟力和注意力会在机会感知上有益,问题解决和推理会影响对机会的把握,作为社会认知的语言和交流则会在重构上起到重要作用。

(三)跨层整合框架

Salvato 和 Vassolo(2018)认为以往对企业动态能力的研究有诸多局限之处,在组织层面的宏观研究,将动态能力视为基于组织惯例或流程的,这忽视了公司内资源的动态属性,惯例以及历史积累的流程并不具有重构资源适应未来变化的能力,因此无法解释企业动态能力中的创造性和创新性。在个人层面的微观研究将企业动态能力解读为基于一个或多个高级管理人员的决策,更强调个体雇员的作用,而无法解释公司是如何发展出高于个体高级经理独特技能的发散性能力。鉴于这两类研究无法将动态能力的稳定性和动态性进行统一,Salvato 和 Vassolo(2018)发展了一套整合的跨层理论,研究者指出为了解释动态能力产生竞争优势这一观点,必须整合微观、中观和宏观这三个层面,公司既需要流程的稳健性,又不能缺失个人的创造性来重整资源适应未来变化。公司内个人层面的行为通过人际联络整合到公司层面的动态能力,而这种人际联络被研究者表述为一种高产性的对话(productive dialog)。通过这种高强度的交互行为,个体间思想碰撞,甚至会有冲突的观点,但最终会达成共识,这种对话形式就是联结个体层面与公司层面的关键。因此,通过个体雇员的能力发展人际关系来实现高产性对话,这样动态能力就综合了稳健性和创造性、模式化和动态性。

李璨(2018)在梳理原有研究成果的基础上,发展了一套企业动态能力的跨层整合模型,首先是个体管理者作为动态管理能力的载体,进行组织资源重构,即个体层次到流程层次,然后发展成为企业动态能力绩效,这是流程层次到组织层次。而组织学习和绩效反馈机制又会指导个人管理者的行为,这形成了一个动态循环体系。但研究实际是将两个层次的研究进行组合,对个人层次向组织层次转化的机制未展开深入解释。

二 企业动态能力的维度

Bowman 和 Ambrosini(2003)从动态能力过程的角度解读了动态能力的四个部分,分别是重构、利用、学习和创造性整合。重构主要体现在对公司资产和资源的转换和重组;利用体现为一种复制能力,将应用于某个业务单元的过程或系统移植到一个新的业务单元或领域;学习是一个让任务实施更高效的方式;创造性整合是对资产和资源的整合,形成一个新的资源结构。Teece(2007)进一步解释了动态能力的内容,并将其分解成三个方面,首先,感知和形塑机会和威胁,管理者需要持续地搜索和开发技术、市场来发现并创造机会,在机会出现后,要解读新事物的内涵和发展,选择什么技术,投放哪些目标市场;其次,把握机会,保持和提高技术能力和互补性资产,当机会成熟时,再大量投资特定的技术和设计;最后,加强、整合、保护和重构公司有形或无形资产。这一解释已经将相对抽象的动态能力具体化。

贺小刚等(2006)通过理论推演识别出动态能力的六个维度,又经过对企业人员的访谈和探索性检验,最终确定了企业动态能力的五个维度，分别是市场潜力、组织柔性、战略隔绝、组织学习及组织变革。市场潜力主要指投放市场的产品或服务在成本和质量上领先，且具有技术延展性，可以应用于未来产品升级；组织柔性强调组织在应对战略调整时的灵活性；战略隔绝是企业具有的一种能够防止被竞争者模仿的能力；组织学习除了其本身意义，即组织对知识的积累和转化，还包含企业所建立的鼓励学习的政策和制度；组织变革强调组织更新的动力，还包含企业为鼓励创新所建立的机制等。焦豪等（2008）通过对以往文献的研究和梳理，结合对企业高管的访谈，将企业动态能力分成四个维度来理解，分别是环境洞察力、变革更新能力、技术柔性能力和组织柔性能力。环境洞察能力强调企业对外部环境的敏感性，对市场变化可能带来的机会及时融入公司产品和服务中，研究者认为这是动态能力的首要元素；变革更新能力强调企业能力具有更新动力，是动态的，通过企业经营活动中的创新、不拘一格、不循规蹈矩的活动体现；技术柔性能力强调企业技术能力的灵活性，企业所掌握的技术根据市场需求有弹性地调整、升级；组织柔性能力相对僵化的流程化管理程序而言，当执行某些战略或面对特别情况时，工作程序可以相应调整，具有一定的灵活性。焦豪等（2008）等认为组织学习是提升企业动态能力的因素，而不是企业动态能力的构成，这与贺小刚等（2006）的观点略有不同。罗珉和刘永俊（2009）用模糊聚类的方法对39篇重要动态能力文献进行分析，识别出四个动态能力的维度，分别是市场导向的感知能力、组织学习的吸收能力、社会网络的关系能力和沟通协调的整合能力。其中社会网络的关系能力强调对社会资本、网络关系的整合，通过社会嵌入和提高关系质量来获取资源；沟通协调的整合能力也是针对企业高效地整合外部关系资源来谈的。Karna等（2016）在比较动态能力与一般能力的研究中，通过对以往文献的分析，将动态能力归纳为六种，分别是研发（创新或技术）能力；战略决策与市场搜寻；合作、联盟和外部能力；知识管理能力；无形资产与声誉；战略人力资本管理。

实证研究动态能力的测量很多都选择一个或几个特定的动态能力来开展，例如Schilke（2014a）认为联盟管理能力和新产品开发是重构组织资源基础的基本方式，目前研究对这两项能力的描述与动态能力高度匹配，且这两项能力是比较典型的企业惯例，因此，以这两项能力为代表展开了有关动态能力的实证研究。Schilke（2014b）使用了联盟学习作为动态能力的二阶能力，而联盟管理能力由于具有创造、扩充或优化企业资源基础的能力，并存在于联盟伙伴间，这样的特性使其成为动态能力的一阶能力。

三　企业动态能力的基本观点及研究回顾

动态能力影响企业绩效。Zott（2003）构建了一个关于动态能力的多元模型，认为动态能力要通过对企业资源、路径和能力的改变，间接地影响企业绩效。动态能力可以创造和影响企业的资源位势、能力、路径和活动，而这些中间因素的影响会在企业绩效上体现出来。同行业内的不同企业之所以产生绩效差异，是因为受到企业重构资源的时机、重构资源的成本以及企业是否学会重构这三个条件的影响，这三个要素分别作用在资源构造的不同阶段，差异化阶段受到成本花费的影响，选择阶段受到学习的影响，保持阶段受到时机的影响。Schilke（2014b）研究了动态能力的两个部分，即一阶能力与二阶能力。通过对战略联盟情境下的调研，数据分析发现二阶能力促进企业绩效时，被一阶能力中介，也就是二阶能力通过一阶能力来促进企业绩效。研究者还判断了一阶能力与二阶能力的相互作用，发现二者之间存在替代关系。

动态能力影响企业绩效的情境因素。Schilke（2014a）通过279家公司的实证研究发现，动态能力对企业竞争优势的促进作用会受到环境动态性的调节作用，当外部动态性过强或偏弱时，这种正向关系较弱，而在中等强度的动态环境下，企业动态能力对竞争优势的促进作用最佳，即一种倒"U"形的调节。研究者聚焦的企业动态能力是两种具体的动态能力，即联盟管理能力和新产品开发能力。Karna等（2016）肯定了动态环境能力调节作用的存在，但认为Schilke（2014a）的局限性在于其选择的两个具体动态能力来延展到动态能力有一定的局限性，并认为这种动态能力的调节在一般能力上也有作用。Karna等（2016）用元分析的方法研究了115篇相关文献，发现动态能力与普通能力在对企业财务绩效的正向作用方面并无显著差异，且外部环境动荡性可以加强这两对关系，因此认为动态能力并不是优于一般能力的能力，动态能力和一般能力间也有一定的相关性。

动态能力的前因研究。贺小刚等（2006）对中国 300 多家企业进行问卷调查，研究了影响企业动态能力形成的因素以及动态能力与企业绩效的关系，即动态能力的前因变量和结果变量。研究表明，企业性质对企业动态能力有一定影响，外资企业的战略隔绝做得最好，国有企业最差；外资企业在组织学习上表现优异，而民营企业相对欠缺。企业技术密度对动态能力的培育有一定影响，高科技企业在动态能力的四个维度（组织变革、战略隔绝、市场潜力和组织柔性）上优于非高科技企业。企业的地理区域也会影响企业的动态能力，珠三角经济区企业在战略隔绝、组织变革、市场潜力和组织柔性四个维度上弱于长三角等区域。这一研究识别出的企业培育动态能力的影响因素具有一定的客观性，是企业天然的客观属性或外部环境，不是企业通过管理等主观手段可以调整的。企业动态能力对企业绩效也有显著的促进作用，市场潜力、组织变革和组织柔性可以提高企业的盈利水平；市场潜力、组织变革能力、组织柔性和战略隔绝能够显著促进企业的成长潜力。焦豪等（2008）对中国 100 多家企业的问卷调查进行研究发现，创业导向能够提升企业的动态能力，组织学习在二者间起中介作用。更具体地，创业导向的三个维度中，创新与超前行动显著地提升了企业的动态能力，未发现风险承担可以促进企业动态能力的证据。组织学习完全中介了创新与超前行为对企业动态能力的促进作用，即创新与超前行动需要通过组织学习来提升企业的动态能力。

第六节　制度理论

一　制度基础观的发展

制度理论的经济学基础。以 North 为代表的经济学家将制度视为"游戏规则"，强调效率，认为制度是人为设置的用以约束人类的行为，并将制度分为正式制度与非正式制度（North，1990）。其中正式制度包括法律、法规和规则等正式的制度约束；非正式制度包括标准、文化和道德等约束（North，1990）。制度经济学一方面将制度视为企业活动的"背景"，另一方面侧重探讨制度制定者、利益集团和经济产出，忽视了企业层面单个企业战略决策的过程（Peng等，2009）。

制度理论的社会学基础。以Scott为代表的社会学家强调制度的合法性，认为制度是规则的、规范的和认知的结构，为社会活动提供稳定性和意义性的活动（Scott，1995）。Scott（1995）阐述了制度的三个层面，规则层面包含法律和法规等，规范层面包含规则，认知层面包含文化和道德等。当组织的行为与其所处制度环境的价值观、信仰和规则相一致时，组织的行为是恰当的、可行的和被认可的，此时组织具有合法性（Suchman，1995）。合法性源于组织与所处制度环境的一致性，制度囊括了复杂的规则，企业需要通过对这些规则的遵守获取合法性（Meyer和Scott，1983）。企业利用自身的合法性、资源和生存能力，按照社会期待的方式活动，会得到奖励（Scott，1987）。因此，从制度角度来说，企业行为遵从其所嵌入的制度，企业可以得到相应的回报，如果违背制度约束，企业会受到一定惩罚。也正因此，处在相同或相似制度环境下的企业，受到来自政府、行业协会和社会期望的规则、准则、产品质量标准、环境管理等的约束，企业遵从这些约束时，会导致企业的行为和结构的相似性（DiMaggio和Powell，1983）。但这一角度并未对制度本身做出解释，而是将其视为一种既定的外部环境，也未将不同的制度环境进行比较，偏重强调企业的服从行为。

战略管理中的制度基础观。战略管理对制度基础观的发展的动力并非仅仅来自经济学与社会学，产业基础观与资源基础观对企业嵌入环境的忽视也使得战略管理研究对制度理论有迫切的需求（Peng等，2009）。20世纪七八十年代，组织所处环境的重要作用虽然被强调（Lawrence和Lorsch，1969），但对环境的研究多集中在一些经济学的变量方面，如市场需求、技术变革等（Dess和Beard，1984），制度视角尚未得到战略学者的重视。20世纪90年代，由于发展中国家的进步，学者们开始关注市场制度对企业发展的影响（Bruton和Lau，2008）。在发达国家，完善的市场制度提供了相对平稳的市场环境，而发展中国家的市场机制尚待完善（McMillan，2007）。随着新兴经济体的发展，从制度视角对发展中国家开展的研究如雨后春笋，不断涌现（Hitt 等，2004；Lyles 和 Salk，1996；Tong 等，2008）。Oliver（1997）指出，在介绍企业竞争优势时，资源资本和制度资本都是不可缺少的要素。基于这些制度视角的研究，制度基础观被认为是继产业基础观和资源基础观，战略管理领域的第三大理论（Peng 等，2009）。战略管理领域的制度基础观意味着用制度视角进行战略研究，除了考虑行业与企业层面的条件，企业在制定战略时还需要将国家和社会层面的因素考虑进来（Peng，2002）。

制度理论有一个重要的前提，就是企业倾向于遵守企业内外部主流的标准、传统和社会期许，成功的企业是通过遵守制度约束获得了支持和合法性的那部分企业（Oliver，1997）。实际上，我们在谈论制度理论时，潜在的假设就是企业有动力或习以为常地按照制度要求来从事经营活动的。Peng 等（2009）指出了战略管理领域制度基础观的两个核心观点：(1) 企业和企业经理在既定的制度框架内，受正式制度和非正式制度的约束，理性地追求利益和制定战略决策；(2) 正式制度与非正式制度共同指导企业行为，当正式约束模糊或失效时，非正式制度将在减少不确定性、提供指导和传递合法性方面起更大的作用。制度基础观首先强调制度对企业的约束，企业的行为、利益追求与战略决策都要符合其所处的制度框架；其次，一旦企业在正式制度中无从寻找行为依据，那么非正式制度会代替正式制度约束企业行为。

在研究制度环境对企业行为的影响时，对正式制度环境的测量指标通常在产权保护、法律体系、税收政策和公共设施等方面，也有使用被认可的标准指数来评价制度环境的。

使用二手数据的实证研究中制度环境的测量。在研究制度环境对企业再投资效率的作用上，Johnson 等（2002）使用了世界银行发布的企业数据，从产权保护、融资环境和契约履行三个方面来测量企业的制度环境。Cull 和 Xu（2005）关于企业制度环境的研究中也使用了上述三个维度来测量。在研究制度环境对企业员工数量的影响时，Aterido 等（2007）使用了100多个国家的企业数据，用融资环境、公共设施、政府干预和腐败四个方面来测量企业的制度环境。

使用市场化指数测量正式制度，冯天丽和井润田（2009）将市场化水平视为制度环境的指示器。对于中国的制度研究,很多采用王小鲁等(2016)《中国市场化八年进程报告》中市场化指数来测量正式制度。例如李新春和肖宵(2017)在研究国内企业制度逃离时,使用该市场化指数的负数来测量正式制度约束。

使用问卷调查的实证研究中制度环境的测量。蒋春燕和赵曙明(2010)使用问卷调查对企业嵌入的制度环境进行测量,问卷参考 Busenitz 等(2000)和 Manolova 等(2008)开发的制度环境量表,从规制、规范和认知三个维度共 13 个题项对制度环境进行测量。冯天丽和井润田(2009)在研究制度环境时,使用了主观测量与客观测量相结合的方法,主观上根据已有研究,以及国务院出台的相关政策,开发了 10 个题项的量表;客观测量使用了市场化指数(樊纲等,2007)。

二 制度环境对嵌入企业的影响

从制度视角来看,企业的经营嵌入在一个由既定的准则、价值观以及人们习以为常的观念构成的社会体系内,这种体系约束企业进行恰当的、被接受的经济行为(Oliver,1997)。制度对企业经营的影响,体现在制度的微观层面,也就是企业经营环境(马光荣等,2015)。实际上,经营环境包括企业所嵌入的正式制度环境与非正式制度环境。正式制度环境包括如法律、政府治理、税收政策等软环境以及基础设施、公共设备等硬环境两大方面(马光荣等,2015)。正式制度对嵌入其中的企业有重要影响,相关的研究已经非常丰富。

高质量的制度环境有利于单个企业生产率的提升,也有利于全要素生产率的提升。对于单个企业,良好的制度环境有助于企业内部资源的有效配置,提高企业的生产率(Claessens 和 Laeven,2003);在企业间,良好的制度环境有助于资源在企业间的有效配置,可以提升全要素生产率(马光荣等,2015)。由此可见,制度环境对于单独企业和企业间的资源配置都有至关重要的作用。

高质量的制度环境有利于企业的再投资效率。Johnson 等(2002)使用了来自世界银行 5 个国家的企业数据来研究企业所嵌入制度环境对企业的影响,研究发现水平较高的产权保护、融资环境和契约履行有利于企业的再投资效率。Cull 和 Xu（2005）随后也使用了世界银行的企业数据研究了中国企业的制度环境，选择的层面与 Johnson 等（2002）相同，在中国的情境下得出了相同的结论。

低质量的制度环境使企业倾向于选择制度逃离。李新春和肖宵（2017）对中国企业对外直接投资的制度因素进行了深入的研究，发现企业所在地区的市场化水平偏低时，会造成三种不良后果。第一，企业所处的法治环境不够完善，知识产权保护缺失，使企业的生存成长面临高不确定性；第二，政府干预过多，企业需要承受较高的交易成本和较低的生产效率；第三，市场资源配置不合理，要素市场、产品市场和中介组织不完善。因此，较低的市场化水平使企业感知到的正式制度约束过大，企业倾向于对外直接投资，转移经营活动到制度完善的地区。

低质量的制度环境导致较高的企业家政治联系意愿。冯天丽和井润田（2009）认为企业家政治联系可以降低不完善的制度环境带来的不确定性，政府持有相当一部分决定企业发展所需的资源和许可，法制与市场体系的不健全，使企业有意愿通过非市场的战略经营企业。更具体地，研究者认为商品市场、资本市场和劳动力市场的完备程度，影响企业家政治联系意愿。

非正式制度对企业行为的影响不容忽视，非正式制度与正式制度具有互补的作用，当正式制度缺失时，非正式制度会作为影响嵌入企业的行为的约束。由于非正式制度包含的内容广泛，如传统、风俗和关系等，很多实证研究聚焦于非正式制度的某一方面。胡珺等（2017）从家乡角度来研究非正式制度对企业的影响，由于中国是具有浓重乡土情怀的国家，人们对家乡有独特的情感成分，且在社会心理学和环境心理学等学科都有相关的研究，因此，将家乡认同作为非正式制度的切入上，企业家的家乡认同可以使企业家更注重企业行为对自然环境的影响，持有环境友好态度，不愿意或减少对环境造成破坏的行为，对环境利益相关者的利益诉求更敏感，愿意遵循和配合当地的环境治理条约，家乡认同与正式制度形成了一种补充和配合的关系，因此，家乡认同能够很好地促进企业的环境绩效，研究者用二手数据验证了上述观点。陈冬华等

(2013) 等关注了非正式制度的宗教方面,认为宗教有利于提高企业的治理质量,具体表现为在具有浓厚宗教传统的地区,企业的违规操作较少,非标准审计意见接收的数量较少,并且在盈余管理方面抑制效果较好。另外,宗教作为一种非正式制度与正式制度互为补充,具体表现在法律制度更完善的地区,上述作用的效果更好。

关系也是非正式制度的一个方面,Fracassi 和 Tate (2012) 对 S & P1500 公司数据的研究发现,CEO 与董事的关系会削减公司价值,尤其当董事会失察的替代治理机制缺失时,这种削减更严重。在中国情境下,陆瑶和胡江燕(2014)研究了 CEO 与董事的"老乡"关系,研究结果表明"老乡"关系正向影响企业风险水平,具体表现为积极的兼并行为和较高的综合财务风险。李新春和肖宵(2017)认为在关系文化较强的地区,企业在获取资源时会倾向于用非市场的行为方式,实际增加了企业的交易成本;企业为获得合法性,行为方式需符合当地的关系文化特征,努力与利益相关机构建立联系;企业在竞争中,关系文化逐渐被强化,滋生不符合道德要求的机会主义行为,甚至是违反法律等正式制度的腐败行为,造成制度风险。因此,在关系文化较强的地区,企业倾向于将经营和投资转向高质量的制度地区,尤其是具有较高创新能力的企业,在感受到较强非制度约束时,更倾向于制度逃离。

正式制度与非正式制度对企业同时具有激励作用。李雪灵等(2012)研究了制度对寻租活动的影响,正式制度层面的金融和法治环境的不完善会导致活跃的寻租活动;而非正式制度层面的高水平的权力距离与集体主义会导致活跃的寻租活动。这种非市场的寻租活动在一定程度上是由于制度层面的因素引发的。邹国庆和王京伦(2015)认为处于转型期的中国经济,存在两种制度激励机制,一种是市场契约报酬,另一种是关系契约报酬,分别对应着正式制度激励与非正式制度激励。企业的战略决策在这种制度结构下,通过企业家心智的中介作用而出现分化。谢佩洪等(2008)从制度视角出发,指出在中国经济的转型过程中,市场尚未成熟,企业会选择一种适应环境的市场战略与非市场战略的整合战略,使这种整合战略的效果大于单独使用任意战略的效果。

同时，制度在影响所嵌入企业的同时，也与嵌入的企业形成互动，企业家活动也或多或少地影响制度，如李倩和邹国庆（2018）、Oliver（1997）等。

三 不同地区的制度环境差异

企业所嵌入的制度环境，因国家的不同而有巨大差异。在发达国家，制度安排严谨完善，是"看不见的手"；在发展中国家，市场制度尚不完善，缺乏完备的制度体系支持有效的市场运行（McMillan，2007）。转型期的国家制度环境具有特殊性，资本市场、法律体系劳动力市场和其他制度都在朝着经济自由化的方向转型（Eesley 等，2016；Hoskisson 等，2000）。Johnson 等（2002）利用世界银行 1997 年的数据研究了乌克兰、波兰、俄罗斯、斯洛伐克和罗马尼亚 5 个转型国家的小型新创企业的制度环境，5 个国家之间和每个国家内部的知识产权保护以及银行信用体系都有极大的不同。受产权保护影响，俄罗斯和乌克兰企业的投资率最低，为了取得牌照或政府服务而行贿的行为普遍，法院的效率很低，企业需要为产权保护"买单"。

不同国家的企业所嵌入的制度环境不同，更多的是由于各国既定的制度规则不同而产生差别。即便在同一国家内部，在一个相对一致的制度规则内，不同地理区域，制度在执行过程中产生差异，企业所嵌入的制度环境也不一致（马光荣等，2015）。甚至有研究指出，企业经营环境的一些指标，国家间的差异程度要低于国家内部（Aterido 等，2007）。马光荣等（2015）利用中国企业 2006—2012 年的数据，对中国企业的制度环境进行研究，结果表明中国各地区企业所嵌入的制度环境并不相同。具体表现为，公有制经济占比较大、经济开放度偏低、政府规模较大的地区，企业所嵌入的制度环境更差。研究者还对各省份的企业经营环境进行了评分，东部地区省份或直辖市评分靠前，西部和中部省份或直辖市评分靠后。蒋春燕和赵曙明（2010）使用创业制度环境的量表研究了中国 15 个高新技术开发区的制度环境，量表的维度与 Scott（1995）对制度维度的划分类似，分为规制、规范和认知三个维度，总体上，制度环境在不同高新开发区间存在显著差异，各维度上各区域也存在显著差异。苏州的高新开发区制度环境综合评分最高，规制维度上苏州也排名第一，但认知维度上深圳最佳，规范维度上，无锡排名第一。

第三章

外部知识获取助力企业创新绩效的理论推演

在经济全球化与科技迅猛发展的背景下，企业为保持产品或服务在市场的份额，为企业持续盈利，不断更新产品，提升产品或服务的品质和技术含量。创新是企业赢得竞争优势的战略选择，由于企业自身资源和知识的限制，封闭式的创新不足以为企业发展提供有力的支持，突破企业边界的外部知识获取成为企业从事创新活动时的必要选择。经济全球化、产业集群和企业战略联盟等开放性的发展形势为企业外部知识获取提供了便捷条件。然而，外部知识如何助力企业创新，企业在获取外部知识后，企业内部发生了怎样的变化，或者说，企业是如何将获取外部知识转化为企业的创新绩效，对这一问题的研究尚不明确。对外部知识获取的研究，开放式创新理论的提出源于西方国家，与中国相比，其市场化水平较高。即便在同一个国家，不同地区的制度环境也存在差异。那么，企业所嵌入的外部制度环境又将如何影响企业外部知识获取与创新绩效间的关系。本章将从企业资源基础观与动态能力结合的视角，遵循资源—动态能力—绩效的理论模型，提出相应的假设。

第一节 理论模型的提出

本节将从资源基础观和动态能力的整合视角来分析企业创新绩效，

并对企业发展外部资源的路径进行分析。同时梳理了知识基础观与制度环境的相关理论。最终，沿着"资源—动态能力—绩效"的框架，构建了本研究的实证研究模型。

一 整合资源基础视角与动态能力视角

资源基础观认为企业竞争优势来源于企业所拥有的异质性资源和能力，这些异质性资源具有价值性、稀缺性、难以模仿和不可替代性（Barney，1991），这是资源基础观最基本的观点，解释了企业间的绩效差异。资源基础观将企业视为非均匀分布于组织内部的一组资源的组合，包括企业的有形资产和无形资产的组合，如公司的管理技能，组织程序和管理，信息和知识等（Barney 等，2001）。Grant（1991）认为资源和能力成为企业长期战略的基础依赖于两个前提，内部资源和能力为企业战略提供基本方向，资源和能力是企业利润的首要来源。企业在形成战略时需要着重考虑其拥有的资源和能力，因为资源和能力是企业在形成战略时的重要基础，并且是企业利润的主要来源。资源基础观的学者们在将资源和企业竞争优势联系起来后，一系列的实证研究逐渐展开，来验证资源基础观的观点。例如，Galbreath（2001）利用来自澳大利亚制造业和服务业企业的数据，检验了包括有形资产和无形资产的多种资源形式对企业成功的影响，结果支持资源基础观的观点。具体来说，企业的声誉资产为企业成功的贡献度最高，其他因素根据贡献度由高到低的排名为能力、无形资产、有形资产和知识产权资产。这一结论揭示了企业能力对企业获取成功的重要性大于有形资产和无形资产。Ray 等（2004）用北美保险市场的公司对资源基础观的理论进行了实证检验，检验结果表明服务环境、管理性信息技术知识对顾客服务绩效有正向影响。Huselid 和 Schuler（1997）检验了人力资源管理能力对财务绩效的影响，研究同时发现人力资源管理有效性与生产力、现金流和市场价值的正向关系。大部分的实证研究与资源基础观的理论是一致的（Barney 和 Arikan，2005）。也就是说，资源基础观作为企业战略管理研究的重要理论，剥离了企业在产品市场中的位势，直接从企业内部拥有的异质性资源分析，构造了具有某些特质的资源与企业竞争优势之间的联系。

研究动态能力的学者将资源基础观拓展到了动态的市场环境，企业动态能力拓展了资源基础观的内容，从企业应对外部动态环境的角度解释了企业竞争优势的来源（Helfat 和 Peteraf，2003；Teece 等，1997）。资源基础观的静态性受到了一定的质疑，如 Wu（2010）认为 Ray 等（2004）对资源基础观的实证研究选取了保险行业，相对于高新技术行业等是缺乏环境动态性的。动态能力的研究者认为企业持有的异质性资源组合并不足以带来企业竞争优势，尤其是当企业面对快速变化且难以预测的市场状况（Eisenhardt 和 Martin，2000；Teece 等，1997）。在全球市场上取得成功的企业，是那些能够对变化做出快速反应，拥有快速且有弹性的产品创新能力，并且具有高效的管理能力来协调和处理内外部能力（Teece 等，1997）。因此，学者们提出了企业的动态能力，即整合建立和重构资源的能力，对企业在动荡的环境中取得竞争优势至关重要（Teece 等，1997；Eisenhardt 和 Martin，2000）。动态能力是可以作用于企业资源基础并发展新的价值创造战略的组织和战略路径（Grant，1996），在追求长期竞争优势过程中可以促进现有资源重构（Eisenhardt 和 Martin，2000）。Wu（2010）使用 253 家台湾地区企业数据，检验了动态环境下资源基础观与动态能力的适用性，研究发现在动态环境中动态能力对企业竞争优势的解释力优于资源基础观。当忽略环境动态性时，企业资源与竞争优势呈正相关；在引入环境动态性后，削弱了企业资源对竞争优势的影响，但仍然是显著的正相关；在动态环境下，动态能力对企业竞争优势的解释力更强。从动态能力视角来看，只有当企业可以利用并更新其拥有的组织能力和资源时，资源才能够影响企业绩效。Wu（2010）的研究是在 2010 年，距今已过去十余年了，如今科技的发展、市场供求的变化以及国际形势的诸多不确定因素构成了企业经营更加不确定的外部环境。单纯地依赖企业原有的异质性资源很难维持长期的竞争优势，在高强度的竞争和资本活跃的背景下，有价值的、稀缺的、难以流动、不易被模仿的资源，它们的异质性特征的有效性被缩短，并可能失去这些异质性的属性。因此，从动态能力视角对企业资源基础进行重构、整合，是企业战略决策和保持竞争优势的关键，企业需要形成一种可以自我更新的、持久的、应对外部环境变化的能力

(Wu, 2010)。

在瞬息万变的市场过程中,单一地利用资源基础观来解释企业竞争优势的来源比较单薄,解释力不足(Eisenhardt 和 Martin, 2000)。Wu (2007) 再次重申,在动态环境下,用资源基础观来检验启动资源与绩效之间的关系可能得出误导性结论。资源和动态能力的整合视角研究得到了一些学者的关注,资源基础观与动态能力理论作为互补性的理论来理解企业绩效,以避免模型的不完善和偏差的结论(Sirmon 和 Hitt, 2009)。在动态环境下缺乏动态能力的企业,通过初始丰富资源获取的竞争优势,会很快耗尽其原有禀赋而被市场淘汰(Wu, 2007)。先发企业通过某种异质性资源获取竞争优势后,尽管这类资源具有难以模仿、流动性差的特点,但由于企业的逐利性,后发企业会想方设法去学习、模仿行业内的优秀企业,通过反向研发、企业人员流动、合作等多种方式获取稀缺资源。这类异质性资源可能在一定时期内由于其具有价值性、难以流动、不易模仿等特性而留在企业内部,但这种特性是具有时效性的,尤其在高速变换的市场环境下。能力的生命周期理论解释了能力从出现、发展到成熟的过程,能力发展过程中可能会出现消失、精简、更新、复制、重新部署和重组六个分支,总之,资源和能力是发展变化的,而非静态的,能力的变化有赖于企业动态能力的作用(Helfat 和 Peteraf, 2003)。

杜慕群(2003)整合了资源理论和动态能力理论,提出了一个综合性分析企业竞争优势的框架。企业的第一层次资源(有形资产和无形资产)与第二层次资源(组织能力)构成了企业竞争优势分析框架的基础。当前企业形成竞争优势后,为适应外部环境的变化,企业的动态能力通过对企业资源、核心能力和一般能力的整合、重构,实现企业的竞争优势。董保宝等(2011)用资源基础观与动态能力理论的整合理论,构建了"过程—能力—优势"这一框架,并进行了实证研究。过程即资源整合过程,能力即动态能力,优势是企业的竞争优势。研究表明,关注企业外部的资源识取和关注企业内部的资源配用与企业动态的能力呈显著正相关,企业的动态能力发挥着整合、配置企业资源和能力的作用,并可以适应外部环境来重组企业资源和能力,企业因此在市场中处于优势位置，其产品或服务符合客户需求，从而保持竞争优势。Fahy 等（2006）的研究聚焦于企业营销资源，如声誉、品牌形象等，企业通过一些程序来巩固和加强已有的营销资源，即用营销的手段来支持营销资源，如广告推广、公关等，企业需要通过对已有资源的部署、整合来形成营销创新以适应市场变化，由此而来的动态能力才是企业绩效的关键。Wu（2007）提出在资源与企业绩效之间存在着一个重要的中介变量——企业动态能力，企业动态能力将资源转化为竞争优势，这样企业创业资源才能转化为企业绩效。研究者选取了台湾初创高新技术企业，这些企业的产品具有高技术含量且产品生命周期短的特点，实证结果表明企业家拥有的资源、外部合作者的合作意愿正向影响企业动态能力，企业动态能力与企业绩效显著正相关，印证了理论框架。

根据以上研究，梳理出资源—动态能力—绩效的理论框架，而这些研究聚焦于企业动态能力发展企业自有资源，在开放式的创新环境下，企业已经不再是封闭式的自我创新，而是突破企业边界地获取外部资源来促进发展。企业发展资源的两条路径被大部分学者所认可，一个是通过企业原有路径进行构建，即内向的；另一个是通过外部获取对公司有价值的资源，即外向的（Schmidt 和 Keil，2013）。创新网络理论认为企业创新极少依赖自身，而是依靠企业与外部组织建立联系的能力（Baptista 和 Swann，1998；Cooke 和 Morgan，1998），与外部组织联系实际就是企业外部资源获取的途径，企业可以通过社交网络获取有价值的资源。企业开放式创新理论，更直接地指出了企业从外部获取的思想对创新的重要作用，在如今市场与科技发展迅速的背景下，通过公司内部闭环发展的资源已不再具有曾经那样举足轻重的战略地位了（Chesbrough，2003）。研究者们开始将研究的焦点放在外部资源获取与企业创新的直接联系上，并伴随很多实证性研究的出现。Laursen 和 Salter（2006）利用 2000 多家英国制造业公司数据，研究了企业外部搜索战略对企业创新绩效的影响，结果表明企业外部搜寻的深度和广度对创新绩效的影响呈倒"U"形，即适度搜索有利于企业创新，过度搜索反而不利于企业创新。研究虽然提出吸收能力对企业搜寻战略与创新绩效关系的正向调节作用，即具有高水平吸收能力的企业，搜寻战略可以更好地实现创新绩效，但未对企业对资源的处理方式或资源获取后的发展方式作出具体解释。Caloghirou 等（2004）研究了企业内部能力与外部获取资源对企业创新的影响，在对外部资源获取的研究中，其理论的要点集中在外部关系所获取资源上，更关注二者间的直接关系。

那么对于获取的外部资源，企业是经过怎样的路径进行发展进而形成企业竞争优势的呢？企业资源基础观与动态能力在企业内部资源发展取得竞争优势这一路径上给出了很好的解释，企业从外部获取的资源虽然具有价值性，但既然能通过学习、购买等方式获取，这些资源可能缺少稀缺性、难以模仿和不可替代的性质。现有文献对外部资源如何通过与组织能力的结合成为 VRIN 资源的研究尚不明确（West 和 Bogers，2014）。在董保宝等（2011）、Wu（2007）的研究中，对资源已经做了内外部划分。董保宝等（2011）的研究中有关资源的自变量分别是资源识取和资源配用，其中，资源识取实际上关注与来源于企业外部的资源。Wu（2007）的研究中关于资源的自变量分别为企业家（创业）资源与外部合作者合作意愿，外部合作者合作意愿对应的实际上是企业能够获取外部资源的潜在能力或企业能够获取外部资源的程度。但这两个研究并没有关注内外部资源的异质性属性，具体地说，资源基础观所述给企业带来竞争优势的资源具有价值性、稀缺性、难以模仿和不可替代的特点，但外部获取的资源可能不具备这样的特性，企业需要通过一定的手段使外部资源内化，成为可以产生竞争优势的资源。例如，公司通过购买专利从企业外部获取了一项技术，这项技术具有价值性，但稀缺性、难以模仿和不可替代性并不具备。Liying 等（2016）专门就企业外部资源如何转化为企业内部资源的问题进行深入研究，并对动态能力在此过程中起的作用进行阐述。根据资源基础观和动态能力理论，Liying 等（2016）认为动态能力在外部有价值技术资源与内部后续更新的技术资源结构间起到了中介作用。是企业的动态能力将获取的外部技术资源转化为企业重构的资源基础，从而有利于企业的创新。研究者关注的是企业动态能力的微观层面，选取了技术多样性与内部研发活动作为中介变量，首先企业外部技术资源宽度形成的特殊位势需要企业动态能力来将现有的技术基础重构，技术多样化和内部研发活动能够在企业内部完善、拓展和创造新的技术资源,从而提高企业的技术创新绩效。董保宝等(2011)在研究企业外部资源时,认为跨企业边界获取的资源要素支撑了企业动态能力的扩充和发展,当企业缺失外部资源时,被限制的动态能力无法满足企业发展需求,使企业在市场竞争中失去优势地位。因此,一方面,企业通过外部资源获取来提升企业绩效、获取或维持企业竞争优势时,动态能力通过重构企业内部资源基础起到了关键作用,重构的资源使不完全具备稀缺性、难以模仿和不可替代的资源具有了这样的性质,更新或重构的企业资源基础为企业获取竞争优势提供了保障;另一方面,企业外部资源为企业能力的强化、提升或更新提供了资源基础,使得企业能力增强,而不会走向企业能力周期理论所述的弱化甚至消退的阶段。

根据以上文献的论述,本节总结了完整的框架构建过程。首先,资源基础观是解释企业竞争优势的重要依据,即企业拥有的异质性资源能够带来竞争优势。随着企业动态能力理论的提出,研究者们关注到环境的动态性,提出了用动态能力来解释企业竞争优势,即企业动态能力能够维持企业竞争优势,解释企业间绩效差异。还有研究者用整合的视角来研究资源基础观与企业动态能力理论,认为企业动态能力通过影响企业资源基础来促进企业竞争优势。随着战略理论的发展和企业实践的发展,单纯依靠企业自有资源已无法满足企业的创新需求,开放式创新成为企业创新之路上的一个选择。那么,企业获取的外部资源如何促进企业创新的问题在理论界得到了一定的关注。尤其是外部获取知识很难具备资源基础观所述的全部异质性特征,因此,用资源基础观与动态能力整合视角分析外部知识获取后在企业内部的发展路径具有合理性。外部资源在企业动态能力的作用下,对企业原有知识基础的更新与重构,是企业取得创新绩效的重要因素。本研究根据 Wu(2007)、董保宝等(2011)、Liying 等(2016)的研究,沿着外部资源—动态能力—绩效的理论框架,展开对外部知识获取与企业创新绩效的关系研究。如图 3.1 所示。

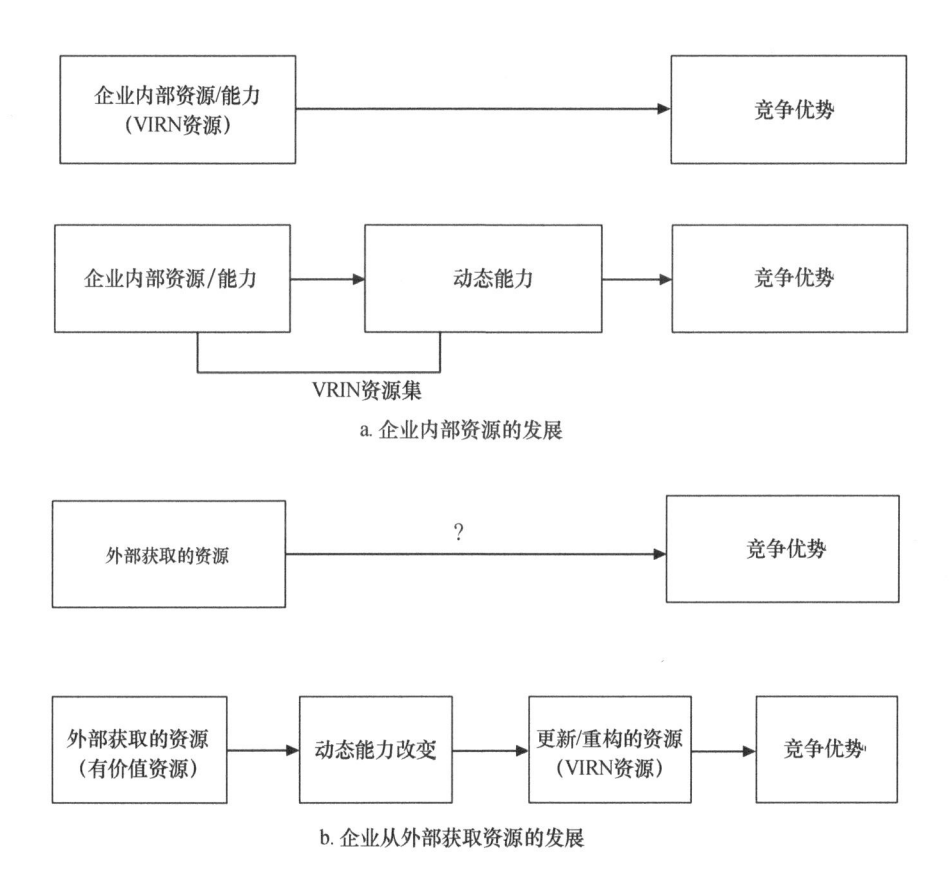

图3.1 资源基础观与动态能力理论的研究缺口

a. 企业内部资源的发展

b. 企业从外部获取资源的发展

资料来源：Liying 等（2016）。

二 机会识别与内部研发活动

动态能力是一个高度复杂的构念，它是一组"流程"的观点被广泛接受。在文献梳理时对其维度的研究就有大量的文献，并未有一致的结论，但学者们已经识别出很多具有可操作性的动态能力的微观构成。很多实证研究使用了动态能力的微观层面的一两个能力来进行阐述。如Schilke（2014a）研究动态能力时使用了联盟管理能力和新产品开发两个微观能力，Schilke（2004b）将联盟管理能力作为动态能力的一阶能力、联盟学习作为二阶能力来研究，Sen 和 Rubenstein（1989）识别的整合能力，Argyres（1996）和 Liying 等（2016）使用的技术多样化。动态能力从难以操作的复杂结构，到可以操作的微观维度，学者们对动态能力理解走向精细化、具体化。而机会识别和内部研发活动是动态能力的两个重要微观基础，且在解释外部知识获取对创新绩效的影响中具有合理性。

机会识别是企业的一种微观动态能力。企业动态能力理论的开创者 Teece 指出，感知并抓住机会的能力是一种企业的动态能力（Teece 和 Pisano，1994；Teece，2007）。焦豪等（2008）认为环境洞察力是企业动态能力的构成之一，是企业管理者和技术专家们利用他们敏锐的商业洞察力，把握市场发展机遇，升级产品和技术，获取竞争优势。罗珉和刘永俊（2009）认为市场导向的感知能力是企业动态能力的首要能力，这实际强调的是企业辨识机会的重要性。

研发活动是企业的一种微观动态能力。Chang 和 Rhee（2011）在研究国外直接投资时，将企业内部研发作为企业动态能力的一种。Sher 和 Yang（2005）在研究台湾半导体产业的企业绩效时也将研发强度作为企业的一种动态能力。Karna 等（2016）在比较普通能力与动态能力的研究中，也将研发作为动态能力的类型之一。Helfat（1997）在研究美国石油领域的公司时，认为研发是一种动态能力，研发活动加强了公司对市场价格变化的应变，研究还探讨了开展研发活动中一些补充性资源的作用。Liying 等（2016）在研究动态能力对企业专利授权的作用时，使用了内部研发活动作为动态能力的一个微观基础。

从动态能力的本质来看，动态能力根据其对战略改变的作用可以分为三类，感知新机会和威胁；通过商业模式的设计和战略投资来抓住机会；转化或重构已有无形资产与有形资产（Teece，2007）。Shane（2000）指出机会是用一种方式整合资源并带来经济收益的可能性，而商业想法解释了实践中应如何操作。从这个角度来说，机会识别对企业重构资源和能力具有方向指导的意义，即企业应以哪些目标为指向来重构组织能力和资源；企业内部研发活动更偏向于抓住机会与对企业资源和能力的实践转化。也就是说，机会识别和企业研发活动，符合（Teece 等，1997）所述的动态能力的内涵，能够使企业更新能力以应对变化的市场需求，具备整合、学习和重构内外部能力和资源的特点。

结合本研究的具体变量，外部知识获取，从知识基础观视角来看，机会识别和内部研发活动是企业知识管理的重要一环，是企业对外部获取知识的应用、加工、再创造的过程，也可纳入知识管理的范围。Lei 等（1996）、Bierly 和 Chakrabarti（1996）的研究强调知识管理是企业卓越的动态能力，是企业其他技能和能力的重要驱动要素。因此，从知识基础观视角来看，企业机会识别与内部研发活动也可以落入企业动态能力的微观层面。

三　概念界定与模型

根据第二章有关企业外部知识获取文献的综述，现有研究对外部知识获取与企业创新绩效的作用机制的研究有待深入，企业如何将从企业外部获取的有价值的知识内容进行转化和融合，从而提高企业创新绩效，是本研究即将探讨的主题。根据上述对资源基础观和企业动态能力的梳理，参考 Liying 等（2016）的研究，资源基础观和企业动态能力理论在解释企业外部获取资源时存在理论缺口。沿着这样的理论逻辑推演，动态能力在企业获取外部资源后，作为一种反应性活动，非既定的不变的水平，自身发生变化的同时还更新或重构了企业资源基础，进而将获取的并非具备完备异质性特质的资源转化为可以为企业提供竞争优势的异质性资源。通过跨企业边界的外向学习来拓宽企业知识基础可以提高企业的灵活性，这对于处在动态环境下的企业非常重要（Grant，1996）。Volberda（1996）指出更宽广的知识基础能够增强企业战略柔性，使企业适应环境变化。因此，本研究沿着"资源—动态能力—绩效"这样的理论逻辑，提出了"外部知识获取—机会识别—研发活动—创新绩效"的概念模型。外部知识获取的市场知识获取与技术知识获取通过强化企业机会识别、促进企业内部研发。而机会识别与内部研发活动作为动态能力的微观结构，是企业重构内部知识基础、保持竞争优势的关键。因此，外部市场知识获取、外部技术知识获取通过机会识别与内部研发，提高了企业的创新绩效。

资源基础观是在西方经济发展较成熟的国家提出的，其隐含背景是一个完善高效的市场体系。尽管资源基础观被国内战略管理研究者在中国情境下验证，外部知识获取与创新绩效的关系也在中国情境下得到检验。但我们仍然面对一个不可忽视的问题——制度环境的差异。抛去中西方制度环境差异，仅在中国内部，由于城市之间地理分布宽广，沿海特征与开放程度不同，以及文化、历史的积累，各地区政府对政策的执行与地方性政策差异，使得国内不同省份的制度环境有一定差别。而企业制度环境是影响企业战略选择、企业家精神配置的重要因素。企业对外部获取的知识如何利用，是否导向创新，还是粗糙地跟随、模仿，受到企业外部制度环境的影响。因此，在外部知识获取与企业创新绩效的关系中，企业所嵌入的制度环境会起到调节作用。

制度理论认为，企业所处的制度环境能为企业提供制度报酬，这对企业的战略选择、企业家精神配置都有重要影响。企业所处市场区域的健全程度、产权保护的实施程度、法制体系的完善与否、要素市场是否发达等对企业行为有重要影响（樊纲等，2010）。因此，本研究将从企业所嵌入的制度环境的角度探讨外部知识获取对企业活动或流程的影响。企业所处的制度环境完善程度越高，企业获取外部知识后，机会识别水平越高，内部研发活动强度越大，企业更乐于用市场化的手段来强化创新，提高绩效。

根据上述讨论，本研究从企业外部资源获取视角选择了市场知识获取与技术知识获取两个维度作为自变量，引入了机会识别和内部研发活动两个中介变量，研究分析了中国制造业、软件与信息业两个知识密集型行业的企业，机会识别与内部研发活动对外部知识获取与创新绩效的链式中介作用，用地区市场化指数来代表企业所处制度环境，研究了制度环境对外部知识获取与机会识别、内部研发活动的调节作用。

外部知识获取。知识获取是组织学习的过程之一，处于组织学习的开始阶段。本研究综合前人研究的成果，将外部知识获取定义为企业为了某种生产性或经营性的目的，在与外部行为主体（如顾客、供应商、竞争者和众多合作伙伴）交易、日常交流或商务合作的交往过程中，获得或学习到的产品或服务的相关知识的集合。根据知识内容上的差别和研究需要，本研究将外部知识获取分为外部市场知识获取和外部技术知识获取两类。其中市场知识是指与顾客需求、供求关系、竞争者动态、行业发展等相关的知识和信息。技术知识是指产品工艺、生产技术、科学前沿等技术相关的知识和信息。在日益开放的市场环境下，企业的市场行为或其他日常性活动都不可避免地或主观刻意地与外部主体产生交集，在这样的交流过程中会出现知识溢出等被动的知识获取或刻意学习等主观的知识获取行为。获取的外部知识对企业的机会识别和内部研发活动以及企业创新都有重要作用。

机会识别。机会识别是指企业对资源创造性地结合以满足市场需求、创造价值并获取收益的可能性的认知（马玉成，2015）。机会识别不是简单的机会发现过程，其蕴含着企业对其所掌握资源的运作能力，对未来市场变化的清晰判断。一方面，企业需要有潜在能力来满足创新方案的实施；另一方面，企业需要对创意方案的未来发展有客观清晰的认知。通常认为企业家在机会识别过程中有重要作用，是企业家的个人经验禀赋和外部环境综合作用的结果（张茉楠和李汉铃，2005）。本研究更注重机会识别的企业层面，机会识别主体不仅包括企业家，也包含企业的工程师、研究员、销售人员和其他员工，即企业是否有潜在能力满足创新方案的执行，以及企业应对外部环境变化整合资源对创新方案未来收益的判定。市场信息资源与技术诀窍的掌握，对发现创新方案和开发创新方案至关重要，只有掌握了异质性的信息资源和技术资源，才能识别出其他企业未能发掘的机会。因此，外向的知识获取提供给企业信息资源等有利于机会识别的资源，而机会识别是企业实施新创意的前提条件，高水平的机会识别会促进企业高水平的创新。

内部研发活动。内部研发活动是指企业以开发、优化新产品或服务为最终目的，企业内部科研人员致力于提升科学技术知识和技能，并将这些知识和技能应用于创新、优化产品与流程的标准化研究与发展活动（Hagedoorn，2002）。研发活动需要大量的技术和信息支持，市场信息为科研提供方向性指导，技术手段提高企业的研发效率。封闭式的自我发展性研究无法满足快速变化的市场需求，一定程度的外部知识获取对提高研发效率，弥补内部研发不足有重要作用。

制度环境。按照 North（1990）对制度的分类，本研究讨论的制度环境限定在正式制度层面，对正式制度的定义参考 Helmke 和 Levitsky（2004）的研究，企业经营所面对的正式制度是经政府机构认可并发布和实施的规则与政策，约束企业的生产、交换和分配活动，包括法律制度、市场制度、各级政府机关或行业协会的政策等。市场化水平是制度环境的指示器（冯天丽和井润田，2009），是反映各地市场发展程度和差异的指标，可以视为对企业所在地区制度环境的一种"评分"。地区市场化指数的高低对应着制度环境的完善程度。由于企业战略和活动受到嵌入环境的影响，制度环境分别调节外部知识获取与机会识别、内部研发活动，机会识别与内部研发活动之间的关系。

创新绩效。创新绩效是由于创新活动而获取的正向成果，是衡量企业创新效果的指标。根据上述分析，外部知识获取通过促进机会识别和研发活动，提升企业创新绩效，制度环境调节这一关系的前半段。

本研究提出的理论框架如图 3.2 所示。

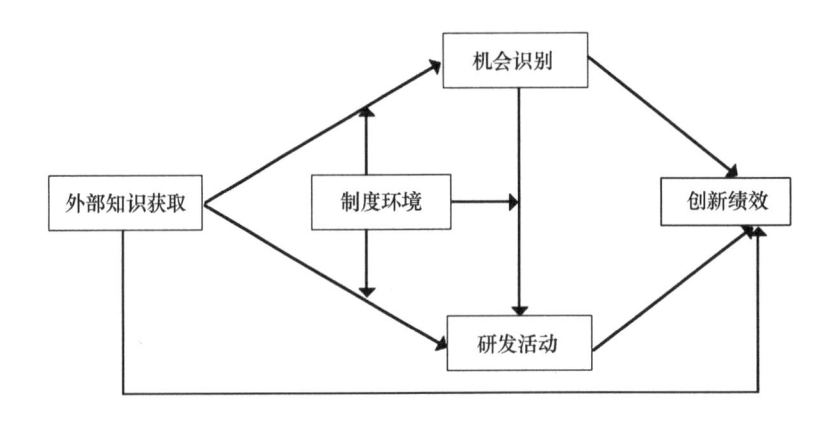

图 3.2 理论框架

第二节 理论假设的提出

一 外部知识获取对企业创新绩效的影响

知识对创新的重要作用。Grant（1996）在阐述知识基础观点的时候就有了非常明确的论述，知识基础观的基本前提就是，企业管理、维持和创造知识的能力会促成新产品的创新。创新绝非偶然的灵光乍现，更不是依靠运气和凭空冥想，而是知识的累积与碰撞，民间俗语"巧妇难于无米之炊"说的正是这个道理，知识是企业创新需要的一种关键无形资产。资源基础观用企业拥有的异质性资源解释了企业绩效差异的来源，知识基础观通过公司拥有的不同知识基础和发展、应用知识的不同能力来解释企业间绩效差异（Bierly 和 Chakrabarti，1996）。而这些不同的知识基础和处理知识的能力，可以通过为竞争者添加模仿障碍来维持竞争优势，对企业创新具有重要的战略意义（Kogut 和 Zander，1992）。可见，知识作为一种特殊资源，是企业进行创新活动的重要元素，正如 Grant（1996）所述，知识是一种价值创造的重要生产性资源。而知识的来源无外乎内部发展与外部获取两种途径，那么，外部知识获取的优越性何在？对企业创新绩效又有怎样的影响呢？

外部知识获取能够丰富企业知识基础。公司层面的技术变革理论认为，公司的创造性是知识基础增加的外显或结果（Griliches，1990；Henderson 和 Cockburn，1996），也就是说，企业知识基础的增加可以带来企业的创造性，有益于企业从事创新活动。如果一家公司的知识基础过于薄弱，企业缺乏在新的相关领域拓展的适应能力，企业核心能力很可能成为核心刚性（Leonard-Barton，1995），不但不利于公司的正常发展，对拓宽业务、多元化战略和创新活动也有一定束缚。而企业知识基础的增长源于长时间公司知识强化型投资与外部知识获取（Cohen 和 Levinthal，1989；Huber，1991）。因此，从企业知识基础角度来说，外部知识获取可以促进企业创新的内在逻辑是，外部知识获取可以增加企业知识基础，而企业基础的增加可以强化企业的创造性，从而促进创新绩效的提升。

创新需要多主体相互学习，依靠自身的闭环式创新活动难以持续。发展理论的观点认为创新包含一个公司与各类机构持续互相学习的过程（Lundvall，1992）。外部知识获取正是组织学习的重要环节之一，且外部知识的知识源恰恰来源于公司相关的外部组织，在有意识的刻意学习和被无意识的知识溢出效应影响中获取知识。创新网络理论（Baptista 和 Swann，1998；Cooke 和 Morgan，1998）认为企业无法仅依靠自身实现创新活动，企业向市场引入新产品或过程很大程度上取决于企业与外部组织建立关系的能力。这种建立关系的能力，增加了企业在与外部组织，如经销商、分销商、竞争者、顾客和科研机构等多主体互动的频率与交流的深度，这一过程可以为企业的创新活动获取技术和信息资源。

互补性资源提高创新效率，异质性资源培育企业创造性。Mesquita 和 Lazzarini（2008）发现与邻近区域的客户、供应商和竞争者的合作，能够让公司打破内部基础性限制，获取互补性资源，提高公司资源的专业化水平，创造价格优势并加速产品创新。例如公司的一个研发项目缺少某种技术支持，公司现有技术和研发人员缺乏对这一技术的理解，或者即使有技术能力和物质能力进行这项技术研发，将耗费较多的时间。此时，通过购买、专利授权等外部技术手段获取该技术的使用权，迅速补充企业知识空白，为企业新产品或服务的快速生产提供有效的支持。获取的外部知识补充到公司现有知识体系中，优化甚至直接填补某些知识空缺，迅速突破原有困境，提高创新效率。而获取的外部知识如果提高了公司知识的异质性，这将推动新产品的显著改善（Jordan 和 Segelod，2006；Nieto 和 Santamaría，2007）。对于获取的异质性资源，有利于企业打破原有思维模式和行为路径，为企业生产带来全新的思路。因此，互补性与异质性知识的获取都有利于企业的创新。

单独运用组织内知识，易使组织陷入"熟悉陷阱"。组织内存在丰富的支持其运营和发展的必要资源，但是企业内部很难掌握全部能够取得成功创新的技术资源和能力（Das 和 Teng，2000）。若仅利用组织内部知识，易使思想僵化缺乏创造性，过强的路径依赖，让企业在高速发展的市场和技术环境下失去竞争力，更容易使企业陷入 Ahuja 和 Lampert（2001）所描述的"熟悉陷阱"。而缺乏创造力的组织很难适应动态的市场变化，更新产品或服务来满足客户需求。外部知识的流入为企业注入新鲜的思想，使得企业能够从不同的角度审视问题，而单一的依赖组织程序和惯例的内部知识发展容易禁锢企业发展思路。另外，如果行业动荡，或被竞争对手超越，但组织没能发展应对的新知识加以反击，那么组织的核心能力很可能便成为核心刚性，进而不利于企业的绩效（Lubit，2001）。因此，从避免出现核心刚性，堕入"熟悉陷阱"的风险来看，外部知识获取有利于企业的创新绩效。

市场知识为企业提供创新思路。市场的高速变化，依靠一次产品创新而一劳永逸的情况不复存在，使得企业需及时跟进市场动态，获取市场需求信息。一方面，企业可以根据市场知识来分析消费者需求及竞争者动态，完善现有产品；另一方面，可以挖掘顾客潜在价值，催生新产品创意（耿紫珍等，2012）。外部市场知识获取最重要的作用是为企业产品或服务的完善、推陈出新和为开发提供信息和思路，公司掌握的哪些能力和技术能够为满足这些市场需求服务，指导企业未来开发产品的方向和定位，可以避免闭门造车导致的推出新产品或服务无人问津的状况，使企业对市场未来发展方向的预判更精准，提高企业研发效率和新产品或服务的盈利能力。外部市场知识获取还可以帮助企业了解新兴市场动态，不拘泥于企业原本熟悉的市场分区，有关新兴市场的信息可能激发企业产生突破式创新的思路（Laursen 和 Salter，2006）。

技术知识为企业提供新产品或服务的解决方案。产品的更新和新产品的研发离不开技术的支持，而并非所有的技术都能依靠企业内部研发活动实现，外部技术知识获取可以让企业在短时间内拥有实现优化产品及新产品研发需要的技术知识。外部技术知识获取可以让公司掌握最新的技术，而有些新技术足以让公司生产出独具价值的新产品（Ahuja 和 Lampert，2001）。企业的发明，从外部引入的科学发现越多，与基础科学联系越密切，企业所获得的专利就越多（Narin 等，1987）。外部技术知识可以填补公司现有业务的空缺，使公司现有技术更加高效地应用于产品创新，并且可以让公司发现现有技术在组织外部的新业务上的应用价值（Chesbrough，2003）。不同技术的融汇、新老技术的交替为企业提供了未来发展的充分展望思路，激发创新思维，大胆构想未来可实现的可能（耿紫珍等，2012）。对不同技术的结合可以造成因果模糊，有利于提升企业的竞争优势（Reed 和 Defillipi，1990）。

一些研究指出了二者之间的倒"U"形关系，当外部知识获取超过一定值时，会造成过度知识搜索，反而不利于企业创新绩效（Laursen 和 Salter，2006；Berchicci，2013），但这一情况在中国企业并不普遍（Liying 等，2014；Liying 等，2016），本研究依然强调二者的正向关系。

总之，市场知识面向市场需求为企业提供创新思路，技术知识面向前沿科技为企业提供新产品解决方案。因此，本研究提出如下假设：

假设1（H1）：企业外部市场知识获取能够提高企业创新绩效。

假设2（H2）：企业外部技术知识获取能够提高企业创新绩效。

二 机会识别的中介作用

（一）外部知识获取对机会识别的影响

外部知识获取作为企业知识战略的重要手段，为企业成长和创新提供了重要的知识要素支撑（Chesbrough，2003）。机会是一种无形的难测量的概念，是潜在的并未发生的事物，或者可以说是创业变革发生的环境集合（Martin 和 Wilson，2016）。资源储备的有限性约束了企业对机会的捕捉，使得企业对外部资源有强烈的依赖性。在有关知识溢出的研究中，机会往往出现在企业独特能力与利用外部知识的互动中（Audretsch 和 Keilbach，2007；Cassiman 和 Veugelers，2002）。处在知识密度较大环境中的企业更容易发现或创造商业机会，相反，企业所处的环境知识量较少，企业则不太容易发展出商业机会（Audretsch 和 Keilbach，2007）。外部知识获取的程度本质上增加了企业接触知识的密度。Foss 等（2013）指出外部知识获取不仅有利于企业的机会识别过程，同样有利于机会的开发过程。在企业网络理论的研究中，Song 等（2017）指出，企业网络联盟对机会识别的促进作用中，知识获取起到了中介作用，企业从联盟网络中获取的外部知识是机会识别的关键。

要厘清外部知识获取对机会识别的作用，首先要明确机会的来源，并从机会的来源进行分析。机会发现理论学者持有机会的存在观点，机会是存在于企业家发现之前（Kirzner，1997），在创业活动之前，机会就已存在，通过发现和创造力，机会得到开发。机会创造论学者持有机会的创造观点，认为是创业者主观努力的结果，通过思维或行动制造的机会（Venkataraman，2003；Ardichvili 等，2003）。

从机会的发现角度分析外部知识获取与机会识别的关系，外部知识获取为企业异质性知识提供重要来源。发现理论最早起源于奥地利经济学派，以 Kirzner、Hayek 为代表。Hayek（1945）认为社会知识分布的不对称催生机会，Kirzner（1973）更加强调企业家警觉在机会发现中的重要作用。也就是说，发现机会是一个主观的过程，而机会是客观存在的，但不是所有的行为主体在所有时期都能获知这样的机会（Shane

和 Venkataraman，2000；Shane，2000）。由于市场均衡实际是广泛分布的，并且企业家观察不足，机会只能被那些具有相关知识和经验的少数人发现，而机会一旦被发现，就缺乏了共享性，机会发现者不会和他人分享（Shane，2003；Eckhardt 和 Shane，2003）。因此，异质性信息的掌握对企业发现机会非常重要，现代企业组织是不同职能员工的集合，工程师、市场人员和企业经理等各司其职，都可能成为机会发现的主体，对于这种个体的集合，外部知识的通道和获取知识密集性直接影响获取异质性知识的数量与程度。信息在机会识别中起到至关重要的作用，包括信息的获取、信息的保存、信息的诠释、信息的应用（Shane，2003；Ozgen 和 Baron，2007）。企业家必须去获取这些关于行业、技术、市场、政府政策和其他方面的信息（Ozgen 和 Baron，2007）。Ozgen 和 Baron（2007）还通过实证方法验证了前辈、非正式行业网络和参与正式专业论坛对机会识别的直接正向作用。Andersen 和 Foss（2005）认为国外知识获取使得中小企业可以利用新的本地机会，而纯本地公司是难以做到的。通过国际化获得的知识可能打开全新的市场并引发新产品的开发（Chetty 和 Campbell-Hunt，2003）。这些证据充分表明外部知识获取有利于企业掌握更多的异质性信息，对企业机会识别能力有重要的促进作用。

　　经济系统中的变化主要来源于下面两种供求关系的变化，机会的存在，正是源于这种变化（Samuelsson，2004）。第一种是外力打破原有供求关系的均衡状态，资源可以被新的方式使用（张玉利等，2008）。外力包括技术革新、新要素、新知识等，在均衡被打破后，优先发现这种非均衡并找到新供求关系组合方式的市场主体，可以得到创业租金（Schumpeter，1942）。第二种变化是对原有供求关系的优化，供求均衡并未被真正打破（Hayek，1945；Kirzner，1973）。由于信息不对称和掌握的稀缺知识，市场主体形成了对资源价值的异质性信念（Kirzner，1973）。而异质性信念与不对称的信息使得当事人作出错误判断，因此形成了现有资源配置低效（Shane，2000）。在原有供求均衡的状态下，某些市场主体发现原有资源配置的低效率并发现了更有效率的资源配置方式。无论哪种方式使得机会出现，都要求企业捕获信息，只有优先获得本行业相关的市场、技术、政策、管理等信息，才有可能捕捉可以盈利的市场机会，在非均衡或低效率的市场情况下，提供新产品或新服务满足市场需求，创造价值。

外部力量的冲击可以带来商业机会，同时创业者的想象力与社会化技能等内在因素，也会影响机会识别。机会创造理论持有机会的创造观点，认为是创业者主观努力的结果，通过思维或行动制造的机会（Venkataraman，2003；Ardichvili 等，2003）。机会的创造者实际是发现了一种未来的可能性，他们首先认识到了这种可能性的意义和价值，从而某种物品或服务被制造出来，它的潜在意义价值被系统地阐述，随后人们才理解它存在的价值和意义（Martin 和 Wilson，2016）。企业创造型的机会识别，不但需要对市场潜在需求有深入的认知，发现消费者自身可能都不清楚的需求，还要有技术自信，这种技术自信来自对企业拥有技术能力的评估，满足这两点企业可以生产出创新性很高、市场上不存在的产品。同时企业需要具备一定的社会化技能，对产品进行推广，让不为人知的产品被消费者接受，从而为企业创造利润（斯晓夫等，2016）。

现有研究表明，这种发现潜在可能性的能力有赖于想象力（Gartner，2007）和组合思维能力（Baughman 和 Mumford，1995）。商业机会在企业家个体的想象与社会化技能的互动中形成，企业家通过对未来可能性的概念化、客观化和应用实践来完成机会构建的全过程（Tocher 等，2015）。需要指出的是，本研究所指的机会识别是这里阐述机会构建的前阶段，并不包含应用实践和通过社会化技能推广等。公司层面的技术变革理论认为，公司的创造性是知识基础增加的外显或结果（Griliches，1990；Henderson 和 Cockburn，1996）。一方面，外部知识获取能够增强公司活力和创造性；另一方面，为组合思维提供要素资源，一次机会的构建并不是企业家单纯凭借自己封闭式思考而形成的，需要外部知识提供灵感和资源。因此，从机会的创造视角来看，外部知识获取有利于机会识别。

两类程序化的知识——市场知识和技术知识能提高公司发现和开发机会的能力（Wiklund 和 Shepherd，2003）。关于市场和技术的新知识可能会导致公司心智模式（mental models）和应用理论（theory-in-use）的修改与重构（Blomstermo 等，2004）。其中外部市场知识的获取，有利于企业分析供求变化，发现已存在但未被发现的需求，这有利于机会的发现；同时，最新的市场知识有利于创新主体（不局限于企业家，企业中的工程师、研发人员、市场人员等）利用创造性思维来形成对未来潜在需求的认知，对未来可能性的商业计划的认知扎根于对当前市场趋势的分析。因此，外部市场知识获取有利于企业提高机会识别水平。

新的技术知识能够加强企业识别和开发机会（Wiklund 和 Shepherd，2003）。外部技术知识的引进，或者对企业原有技术进行补充，优化企业技术，或者有利于企业技术多样化。新的技术知识可以为企业提供新的客户和市场（Autio 等，2000；Zahra 等，2000）。李乾瑞等（2018）研究了基于 SAO 方法的技术机会识别方法，实际上，SAO 方法是对科技文献的分析方式，而企业的外部技术知识获取能为企业带来丰富的科技文献材料，从这个角度说，外部技术知识获取是有利于企业识别机会的。从机会发现的角度，开放式的技术知识获取有利于企业发现因技术动荡而产生的市场不均衡，有利于企业沿着新技术的功能和潜力发现机会。从机会的创造角度来说，外部技术知识获取可以使企业技术知识基础优化以及多元发展，有利于创新主体通过对技术的认知而产生更多的创造性思维，并在创新主体创造性地发现某种潜在需求后，增强其实现这种潜在可能性的技术能力和技术自信，提高机会识别水平。因此，本研究提出相应假设：

假设 3（H3）：外部市场知识获取有利于提高企业机会识别水平。

假设 4（H4）：外部技术知识获取有利于提高企业机会识别水平。

（二）外部知识获取与创新绩效：机会识别的中介作用

对机会的感知会激发主体开展新业务（Karimi 等，2016）。机会识别使得企业能够对发现或创造的机会加以利用，是产品更新优化和新产品开发的前提条件，企业需要根据其识别的机会来更新现有业务，开拓市场，投放新品。识别的机会是对新产品或服务的一种想法，有潜力成为今后新业务发展的基础（Baron，2006）。新的技术机会为创新（Leonard-Barton，1995）和新商业模式（Knight，2004）的发展提供基础。可以说没有机会识别，企业很难把控未来发展方向，单纯地以提高生产效率或以规模经济为目的的低成本战略，无法实现产品和技术创新，更难以在高速变化的市场中取得竞争优势。机会对企业的生存和成功具有重大影响（Ireland 等，2003）。现有研究认为机会识别是企业竞争优势和超额利润的重要贡献因素（Chandler 和 Hanks，1994；Gielnik 等，2012）。Park（2005）用案例研究的方法分析了新创高技术企业的机会识别与产品创新的关系，在企业家、技术、企业知识和经验共同参与的机会开发过程中，成就了初创企业的产品创新。O'connor 和 Rice（2001）使用案例研究的方法，对大型成熟企业的机会识别与突破式创新进行了研究，认为机会识别过程从企业技术储备发源，经过一系列复杂的评估过程初步形成了一种商业方案，最终形成了企业的突破式创新。

于晓宇等（2019）将机会识别分为利用式机会识别和探索式机会识别，实际与机会来源的分类，机会发现理论和机会创造理论相互对应。创业企业受到资源约束和成本压力问题的挑战，由于利用式机会识别活动有助于企业优化已有产品的开发技术和流程，从而提升企业的创新程度（Yalcinkaya 等，2007）。而探索式的机会识别有利于企业培育新产品，增强对动态环境的适应能力，从而有利于企业的突破式创新（Benner 和 Tushman，2003）。

O'connor 和 Rice（2001）认为机会识别者需要将创造性的技术想法与市场需求联系起来，这种市场需求可能是存在但未被满足，或者是可以被创造的需求。受这一观点启发，这里通过需求与产品市场的情况，再次来分析机会识别对企业创新绩效的重要作用。如图 3.3 所示，作者根据市场需求的有无以及产品或服务是否被市场提供划分了四种情况。情况 1，当市场已经没有需求，但却有产品或服务被企业提供。这种情况出现有两种具体情境，一种产品过于陈旧已经不符合当下的需求，产品处于其生命周期的衰亡阶段，可能的具体情况是厂家清仓已经被淘汰的产品等，这种情境下，企业需要产品转型升级或退出市场来解决困顿的局面。企业通过外部知识的获取，掌握行业技术动态及当下市场最新相关需求，对市场机会有基本的认知和把控，并最终通过技术手段完成对产品的升级，让产品重新受到市场青睐，以满足新的相关市场需求。此时的机会识别，不但有利于企业创新绩效，更关系到企业的生存与否。柯达公司与诺基亚公司所处的便是这种情况，由于对未来机会的评判失误和对自有产品的固守等多种因素，企业失去了竞争优势。对应这种情况的另一种情境是，企业突破式创新开发的新产品或服务，尚未得到市场认可，需要通过社会化技能来活化市场，这种情况是机会识别后期的活动，不在本研究讨论之内。情况2，市场需求未知且市场中没有产品或服务供应，实际上，此种情境的机会识别对应的是从无到有的突破式创新。外部知识获取让企业更加准确地把握市场发展趋势，对未来市场需求进行判断，结合企业自身的能力，对未来可能产生经济效益的产品或服务的创造性构想，一旦这种构想经过反复的修正、论证并投入实践，那么将大幅提升企业的创新绩效。这是一种典型的通过探索式的机会识别取得创新绩效的情况。情况3，需求已知且市场中已经有相应的产品和服务提供，这是普遍存在的一种情况。这种情况下的机会识别通常是对现有产品的更新，如从技术机会层面完善现有产品或服务的不足等，从市场机会层面丰富产品功能或开发新市场等，这种情况下往往是利用式机会识别带来的渐进式创新，也不排除重大的技术机会带来产品的突破式升级。情况4，需求已知而市场内缺少对应产品的供应，这种情况的根源多在于技术上的限制，如高效抗癌药物。这种情况下，技术机会的识别能够帮助企业突破现有技术难题，生产出符合市场需求的新产品。机会识别本身蕴含一定的风险，虽然机会识别不会全部导向成功的产品更新或新产品开发，但不可否认机会识别对企业创新的重要作用，较高的机会识别能够带来高的创新绩效。企业机会识别不仅能够对当前资源和需求进行匹配，还可以使得重构现有业务或突破式创新（Ardichvili等，2003）。

外部知识获取后对企业创新的影响，需要经历外部知识在企业内部发展的过程，内外知识融合与匹配的过程中，机会识别指导企业未来业务的发展方向，同时对企业知识基础的更新与重构方向有指导作用，有利于外部资源后续发展成为企业内部异质性资源，从而促进企业创新。因此，外部市场知识获取从市场需求的层面提升企业机会识别水平，促进企业创新绩效；外部技术知识获取从技术层面提升企业机会识别水平，

	产品或服务
情况1　　情况3	市场内存在
情况2　　情况4	市场内不存在
没有或未知需求　已知需求	

需求

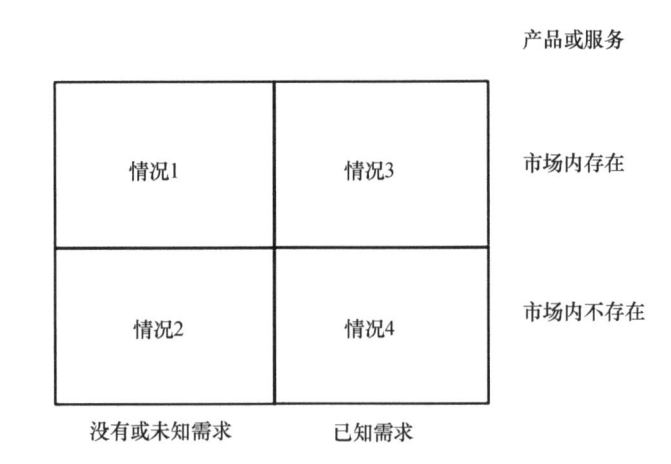

图 3.3　机会识别的四种情况

提高了企业创新绩效。本书提出相应假设：

假设 5（H5）：机会识别正向影响企业创新绩效，机会识别在外部市场知识获取与企业创新绩效的正向关系中起中介作用。

假设 6（H6）：机会识别在外部技术知识获取与企业创新绩效的正向关系中起中介作用。

三　企业内部研发活动的中介作用

（一）外部知识获取对内部研发活动的影响

随着全球化竞争的加剧，知识广泛分布在世界各地，企业对于快速发展的需求使其利用外部有价值的知识资源来填补产品与业务板块间的空缺，提升企业的研发能力（Foss 等，2013）。Veugelers（1997）研究了外部资源获取与内部研发的关系，研究发现拥有独立研发部门的企业，合作式研发对内部研发有显著的正向作用；其他的外部资源获取战略，如研发外包、技术购买（尤其是设备引进），在企业吸收能力较强时，会显著促进企业的自主研发。Patrik 和 Andreas（2003）通过面板数据的分析，认为技术外溢会提高企业研发投入，因为研发投入受到企业拥有的信息集影响，而技术外溢是企业的重要信息渠道，它像一种无形资产"存在于空气中"，同时技术外溢会降低研发项目的不确定性。企业对外部知识的需求促成了企业研发投资的增长，Cohen 和 Levinthal（1989）在研究吸收能力与创新绩效时发现，外部知识流促进了企业研发投资。

中国一些企业的发展走了从技术引进到自主创新的路线，很大程度上佐证了外部技术获取对企业内部研发活动的正向作用。使用外部诀窍可以提高内部研发活动效率，至少当一家公司乐于接受外部创意与知识时，可以解决"内部空白（not invented here）"的问题（Allen，1986）。以中国汽车行业为例，我国汽车产业较西方国家起步晚，起步初期依靠技术引进、合资等手段，国内车企的成长遵循了这种路径，外因在于外资涌入产生的溢出效应，内因在于充分利用外资的溢出效应，加强研发提升企业吸收能力（赵增耀和王喜，2007）。作为民营车企的吉利集团，在技术追赶阶段，通过外聘技术人员，逆向工程等手段提高企业研发能力和技术水平，并取得多项专利认证；在企业扩张阶段，增加了外部技术引进，强化企业内部研发活动（江诗松等，2011）。黄江明和赵宁（2014）研究北汽集团的发展路径，从不具备基础汽车技术的附件厂发展成为拥有自主品牌车型的知名车企，北汽集团经历了技术引进、合资和兼并等外向的技术知识获取行为，在企业内部研发活动中逐步培育和积累技术能力，最终实现了拥有自主品牌的汽车企业。除了汽车行业，国内学者有很多关于企业技术引进走向自主创新之路的案例研究。格兰仕集团的创新路径同样以技术引进为起点，通过对外部技术的消化吸收，增强了企业的技术能力，从利用外资企业的技术输出完成了企业最初技术基础的建立，又逐步通过企业研发，不断学习，培育出具有独特性的企业技术基础（汪建成等，2008）。中国的高铁技术取得了世界瞩目的成果，其发展道路经历了自主试验性探索阶段、技术引进阶段以及具备独立设计能力的阶段，在技术引进阶段，大量引进国际优质的零部件，企业内部在这样的条件下加强学习，快速提高生产工艺（贺俊等，2018）。外部技术的引进，如果缺少了企业研发这个重要的知识吸收、整合与创造新知识的步骤，那么高铁企业不可能拥有如今先进的技术基础，只会成为一个零件组装车间或代工厂。单独的合作研发是不够的，需要公司内部发展足够的专门知识来利用外部研究的结果，这一观点说明单独的外部知识获取无法有效地支撑企业绩效，需要企业研发活动来内化外部知识（Mowery 和 Rosenberg，1989）。

　　国内这些企业的成长之路，是外部知识获取后，通过内部研发来实现创新的经典案例。在技术知识获取上，使得国内企业具备了丰富的技术技能，在逐渐积累和培育的过程中实现了自主研发能力的提升。冯飞（1995）在理论上探讨了技术引进对企业自主研发的影响，在非"一揽子"技术引入的情况下，企业希望在引进或协议期内，将引进的技术内化，技术引进后企业会逐步掌握获取的知识并学以致用改进本地技术，也就是说，当企业引进特定技术时会促进企业内部研发活动。积累和发展不是一蹴而就的，是在日常运营生产过程中逐渐积累的，在这个积累的过程中，离不开外部知识获取通过企业研发也促进了企业自主研发能力，在整合、重构企业知识基础后，使得这些后发企业有了今天的成绩和进步。尽管这些案例表明，中国企业是经过多年的发展累积才形成这样的路径模式，但依然可以为外部知识获取加强企业研发这个逻辑佐证。

　　不单单是中国存在大量通过外部知识获取实现促进内部研发活动的企业。在外部知识获取上，日本企业对国外技术的应用和吸收促进了更多的创新研发，技术引进是日本自主研发产业发展最显著的刺激因素（Ozawa，1985）。第二次世界大战后，韩国经济发展取得了令人瞩目的成绩，主要原因在于韩国企业采用的技术引进，在经过模仿、消化吸收等过程后完成了技术改进，通过分解研究和分析测试等不断试验、改进的研发过程，逐步促进企业内知识体系完善，最终培育出具有异质性特征的知识基础（陆园园等，2006）。台湾半导体行业，受限于当地市场较小，企业研发能力相对薄弱，在产业发展初期同样采用了技术引进、模仿学习的外部知识获取方式，再经过资源投入来加强企业研发，最终达到了与行业领先企业比肩的地位（刘常勇，1998）。

　　实际上，以上企业的发展路径是后发企业的追赶路径，并且发生在国家经济相对落后、国家层面政策支持的背景下，研发活动在获取外部知识后起到了关键作用。企业通过研发活动建立自己的知识基础，为了更全面地阐述外部知识获取需要通过企业内部研发对知识进行内化来实现创新，需要分析行业领先的企业或完成技术赶超的后发企业，是否也遵循这样的逻辑呢？答案是肯定的，外部知识获取依然需要通过企业研发活动来形成更新或重构的企业内部知识体系。开放式创新理论详细阐述了企业由闭环的研发模式，在知识雇员流动性增强和风险资本活跃的环境下，转向开放式创新模式的过程（Chesbrough，2003），也就是说，即便是行业内领先的企业，同样需要开放式创新战略获取外部知识。在技术引进上，海尔集团通过引入国外成熟新产品，经过内部的设计和开发过程，缩短了新品开发周期，提高了创新效率（黄江明，2007）。因此，外部技术知识的引进，有利于缩短企业研发周期，快速填补某些技术领域的空白，降低研发风险，提高企业研发效率和研发能力。后发企业则更多地获取企业发展需要的全新知识，从培育和构建自身的知识基础开始，逐步形成异质性知识基础。而行业领先企业则一方面从与企业现有知识结构匹配的知识上获取互补性外部知识；另一方面，对于企业新开辟的领域需要获取全新的知识，因此，对于行业领先企业来说，外部知识获取通过研发活动可以重构、更新、优化和增加自身的知识基础，进而形成异质性资源来保持竞争优势。

在市场知识获取上，由于西方国家的市场较国内更加成熟，通过对国际市场的关注，更容易判断国内市场趋势，明确研发目标和方向。外部市场知识获取与外部技术知识获取在企业的实践中，有时是相互重叠、连带的，没有清晰的界限。在上述例子中，企业在获取国际技术的同时，对相应产品市场的发展有深入了解，因此对本企业的研发方向有充分的指导作用。海尔集团实施的产品研发组织架构推行了型号经理制，要求新产品以市场需求为立项起点，型号经理需要充分获取市场知识，这一制度使得海尔集团的研发能快速应对市场变化（黄江明，2007）。这充分说明外部市场知识获取对企业研发活动的有利影响，外部市场知识获取使得企业更加了解当前市场动态和未来市场趋势，企业在市场需求的导向下更合理地安排产品开发进程和研发活动，为基础型研发和应用型研发提供方向指导，促进了以市场需求为导向的试验和开发活动。因此，本研究提出如下假设：

假设7（H7）：外部市场知识获取正向影响企业内部研发活动。

假设8（H8）：外部技术知识获取正向影响企业内部研发活动。

(二) 外部知识获取对创新绩效的影响：内部研发活动的中介作用

企业对研发活动的投资可以发展新产品和新知识（Cohen 和 Levinthal, 1989），可以增加高技术行业的企业价值（Sridhar 等, 2014），企业内部研发有利于创新绩效（Hu 等, 2005；王红霞和高山行, 2009；Liying 等, 2016）。研发活动使企业将获取的技术知识转为新知识或更加多元化的知识（Helfat, 1997），市场知识使研发活动目的性更强，企业知识基础在研发活动过程中得到构建、重构或更新，有利于企业的创新产出。研发的主要功能是通过对知识的重组来发展新知识，这种对知识的重组可以发生在组织内外（Fleming, 2001），也有实证研究证实研发活动往往关注知识重组且为企业能力延展提供支持（Nerkar 和 Paruchuri, 2005），企业获取外部知识后需要通过研发活动来重组知识使知识内化，提高企业创新产出。Liying 等（2016）利用中国企业数据，以技术授权为外部技术获取指标，研究了对创新绩效的促进作用，指出外部技术获取需要通过企业内部研发活动提高企业创新绩效。

为了更好地解释企业内部研发活动的中介作用，本研究将以内部研发活动的中介作用视角分析有关外部知识获取与内部研发活动对企业创新绩效作用的文献。Berchicci（2013）研究了开放式创新系统中，企业外部知识获取与内部研发活动投入对创新绩效的影响，得出这样的结论：外部知识获取比重多的企业，对应着更高水平的创新绩效；但当这一比重超过一定值时，会对企业创新绩效带来负面影响。本研究认为，如果用企业研发活动的中介作用这一视角，也能很好地解释这样的结论。企业外部知识获取需要通过企业内部研发活动来促进创新产出，当企业外部知识获取后，企业通过一定强度的研发活动内化知识，构建、重构或更新了知识基础，达到产品创新的目的；当企业外部知识获取水平继续提高，企业内部研发强度在一定范围内跟进提升，依然可以达到创新的目的。但是企业内部研发活动受到很多限制，如企业基础设施、人力资源等，在短期内不能持续地无限地提高，一旦企业的内部研发强度达到了上限，那么企业不能有效地将外部知识内化，即缺少内部研发活动的中介作用，外部知识获取很难继续带来企业创新绩效提升。对于过高的外部知识获取不利于企业创新的倒"U"形关系的最后阶段，一方面是因为企业内部研发活动达到了阶段性的天花板；另一方面如 Berchicci（2013）所述，过高的外部知识获取会增加企业协调、搜索和监控成本，损害企业建立路径依赖的知识储备。陷入倒"U"形的关系在中国企业并不普遍（Liying 等，2014；Liying 等，2016），企业缺少知识资源的困境中，因此本研究的假设并未采用倒"U"形的观点，这里的论述是为了解释内部研发活动的中介作用与已有文献的观点具有一致性。

企业内部的研发活动作为中介变量而非调节变量研究，原因有二。首先，本研究目的是研究外部知识获取与创新绩效关系的内在机理，在企业既定的外部知识获取强度下，企业需要通过怎样的活动、行为或能力的作用过程完成创新产出，研发活动是企业利用外部知识的重要方式，通过对外部知识的重组、再造和更新，企业完成了外部知识内化的重要步骤；其次，研发活动作为动态能力的微观层面，是反应型变量，非既定不变，受企业资源位势影响，并随资源配置的变化而变化（Eisenhardt 和 Martin，2000；Helfat 和 Peteraft，2009；Liying 等，2016）。同时，参考了 Liying 等（2016）的研究，为了更好地反映研发活动的动态特征，本研究使用了研发活动"改变"来测量研发活动取代在某一时间节点的静态值。

外部知识对企业的创新绩效固然重要，但还需要依赖企业内部的能力（Vegajurado 等，2009），外部知识本身无法自动地产生创新绩效，需要通过企业的研发活动，将外部资源融入企业自身的知识体系，最终成果体现为更新或全新的产品或服务。拥有稀缺资源是获取竞争优势的前提条件，但资源需要被有效地利用（Sirmon 和 Hitt，2003）。从知识在组织中存储结构来看，知识存在于组织的成员、工具和任务中，以及这些单元交织和混合形成的子网络中（McGrath 和 Argote，2001）。其中成员及组织的个体员工，属于人力资源；工具包括硬件设备和软件资源，是技术组成；而任务则指组织的目标、愿景等（McGrath 和 Argote，2001）。外部知识流入组织，对组织内的知识载体形成了一种刺激，组织成员、工具、任务以及它们交织构成的子网络的知识体系发生了或微小或巨大的变化，研发活动的开展需要依赖这些知识存储单元，同时研发活动使得各知识存储单元与外部知识更加充分地融合而产生了新知识。因此，外部知识获取通过研发活动的作用,带来了企业的创新产出。更具体地,外部技术知识获取对组织成员与工具方面的影响更大,而市场知识对组织成员与任务方面的影响更大。

企业获取的外部知识可以通过内部研发活动这一渠道,把知识内化、整合并产生新知识,应用到能为企业创造利润的产品和服务中。外部市场知识的获取,有利于企业根据市场需求调整企业产品优化与开发的方向,企业资源配置更加趋向高效,研发活动朝着更加合理的方向更新或重构企业知识基础,从而达到提高创新产出的目的;外部技术知识的引入,快速填补企业欠缺的技术诀窍,缩短产品开发周期,降低研发活动可能的风险,通过研发活动对流入的技术知识的应用与融合,形成了更新或重构的知识基础,从而提高企业创新绩效。因此,本研究提出如下假设:

假设9(H9):内部研发活动正向影响企业创新绩效,内部研发活动在外部市场知识获取与企业创新绩效的正向关系中起中介作用。

假设10(H10):内部研发活动在外部技术知识获取与企业创新绩效的正向关系中起中介作用。

四 机会识别和企业内部研发活动的链式中介作用

外部知识获取是企业通过主观刻意的知识搜寻或受益于知识溢出效应,是对异于企业内部知识集合的知识的获取。从资源基础观和知识基础观视角来看,异质性的知识能给企业带来竞争优势。但同时知识又不像人力资源等资源具有排他性的特点,虽然少数在严苛的知识产权保护下的特定知识的专有性有所提高,但难免被同行获取。换句话说,企业获取的外部知识可能仅仅具有价值性,而不完全具备稀缺性,难以模仿和不可替代的性质。例如宝洁公司旗下的日本蜜丝佛陀公司生产的一款高端护肤产品,该产品在市场上受到追捧,甚至脱销,其主要成分是一种名为 PITERA 的具有抗皱功能的物质,由于公司持有这一成分的专利,其他公司不能使用。消费者追捧的热潮使得一些化妆品公司研制与之功能类似的产品,甚至有一些成分号称可以与 PITERA 功能接近,在美妆网站或搜索引擎中输入"平价替代品"可以发现多款价格更低廉的同类产品,且拥有较高的销售量。由此可见,即便是那些技术含量高、专利保护严苛的专利知识,也不具有完全的排他性,其功能和作用虽然不完全相同,但具有相似性。那么,获取外部知识的企业是如何将非异质性的知识转化为可以为企业获取竞争优势的关键元素的呢?

广泛的搜寻战略会让企业识别到新机会并且基于从外部主体获取知识集的整合来建立新的组织能力(Teece,1986;Vegajurado 等,2009)。本研究认为,机会识别与研发活动构成了外部知识获取与创新绩效正向关系的链式中介作用。外部知识获取后,加强了企业机会识别水平,进而刺激了企业内部研发活动,带来了企业创新绩效的提高。从动态能力角度说,在机会识别和研发活动的作用下,企业经过对外部市场知识与技术知识的整合和内化,使企业内部知识基础重构或更新,使原本不具备异质性的资源具备了稀缺性、难以模仿和不可替代的性质,有利于企业创新绩效。

冯飞(1995)从理论上论述了机会对企业研发活动的促进作用,研究者确认了机会的"技术"与"经济"的双重属性,当某项有商业前景的技术机会出现时,发达国家会围绕这一技术发展出大量的创新活动,对企业研发有积极的促进作用;但发展中国家由于技术能力的限制,创新活动围绕"革新"而非"创新",因此对发展中国家的企业研发活动影响不显著。这一观点一方面肯定了技术机会对企业研发活动的积极作用,另一方面也注意到了发展中国家创新活动的不足。但该研究发表后的20多年中,中国作为发展中国家的代表,在创新创业方面取得了巨大的成就。因此,如今中国企业具备一定的技术能力,技术机会对今天处于转型期的中国企业亦有积极的促进作用。在产品循环的初始阶段,高的技术机会会刺激企业的进入(Geroski,1991)。而由技术机会带来的产品市场进入,企业必将投入一部分人力和资金进行新产品开发。Patrik 和 Andreas(2003)认为当技术机会和产品发展较好时,企业的进出率是较高的,因此把企业周转率作为技术机会的代理变量,通过分析企业进出率的数据发现,技术机会与企业研发强度呈正相关。本研究虽未对机会的市场性与技术性进行分类,但由市场需求发展而来的机会识别,通常需要企业通过资源的整合、重构来发展出相应产品或服务,因此即便是市场机会也会在一定程度上对企业研发造成影响，需要依赖研发活动带来创新产出。

　　机会需要通过企业的进一步形塑和开发，产生创新绩效。从机会识别到新产品、新服务的市场化不仅仅是感知和发现，还包含为了创造和传递更优价值而进行的资源重新定位和重新组合（Ardichvili 等，2003）。机会识别能够联结开拓性思维与创新初始评估过程，这最终将导致一个成型的商业业务（O'Connor 和 Rice，2001）。很多学者都赞同机会识别要确保优秀的绩效表现，企业需要通过一些活动来将识别的机会转化为绩效（Foss 等，2013；Dencker 和 Gruber，2015）。林嵩等（2005）、张红和葛宝山（2014）在总结前人研究基础上梳理的机会识别的整合模型中，阐述了机会识别对应的下一流程是机会开发。机会开发活动是联结机会识别与企业绩效的中介（Guo 等，2017）。因此，识别的机会不一定都能导致创新产出，企业需要有目的地将这些机会加以利用。机会识别和机会开发是实现机会的两个重要活动（Alvarez 等，2013；林嵩等，2005）。机会识别是企业对可盈利的商业计划和想法的导入（Baron，2006），机会开发阶段企业需要整合资源将识别的机会转化为真正的业务（Foss 等，2013）。企业研发正是对所识别机会的进一步处理，是对机会的深入开发，目标是将一种商业想法或计划形成对应的产品或服务。

　　开发机会包含维持并提高技术能力和技术资产，当机会成熟时，加重对可能取得市场认可的特殊技术和设计的投资（Teece，2007）。当企业通过外部知识获取，从科研机构了解一种新开发的技术，而应用这项技术所形成的产品可能为企业带来利益，这里的技术实际已经存在，只不过被企业第一次发现而已。即便是这样的情况，企业仍需要通过反复的试验和科研人员的努力，将技术适配到产品中。另一种情况是，企业发现了某种潜在的市场需求，而市场上并没有出现能满足这种需求的产品，此时企业需要制造出这种产品来满足潜在的市场需求，这个产品或服务从无到有的过程，需要经历机会识别到内部研发活动的过程，也就是说，企业需要通过研发的手段，通过调配研发投资、研发强度和研发人员等，来实现其商业计划的现实产出。由此可见，研发活动是联结机会识别与企业创新的重要因素。

机会识别有利于提高企业研发质量和研发效率,避免盲目的科研投资。机会识别能够影响行为主体的目标选择、努力和坚持,具有一定的激励效应,因此对机会的关注会形塑行为主体的目标导向行为(Gielnik等,2012),这会提高企业研发的成功率和企业研发能力。对新想法的实践是复杂的,可能需要经历多次失败才能成功,开发过程的结果是不可预期的,这种不确定性增加了失败的风险(Martin和Wilson,2016)。外部知识获取能够给企业提供更多判断依据,降低风险,在一定程度上提高了企业机会识别水平,使企业的科研目标和导向更加精准,提高研发效率。

企业在获取市场知识或技术知识后,通过机会识别与内部研发活动的作用,感知或创造性地提出有一定价值的产品或服务的更新与开发设想,并在企业研发人员与相关部门的配合下开发机会,通过研发活动进一步发展出可市场化的产品或服务。从动态能力视角来看,这一链式结构在企业获取外部知识后,将外部知识与内部原有知识进行发展,更新或重构了企业内部知识基础,使原本不完全具备异质性特征的外部资源成为VRIN资源,从而提升企业创新绩效。由此,本研究提出假设:

假设11(H11):机会识别正向影响企业内部研发活动,机会识别与内部研发活动顺次在市场知识获取与企业创新绩效的正向关系中起链式中介的作用。

假设12(H12):机会识别与内部研发活动顺次在技术知识获取与企业创新绩效的正向关系中起链式中介的作用。

五 制度环境的调节作用

(一)制度环境对外部知识获取与机会识别的调节作用

低质量的制度环境会增加不确定性风险,在不确定性较高的经营环境下,企业较难判断未来市场发展趋势,缺乏对环境深刻的认知(Nadkarni和Barr,2008)。制度环境会给处于其中的企业提供制度报酬,处于转型期的中国经济存在二元制度激励情况,完善的规则有利于企业开展以市场为导向的战略,促进企业家精神;低质量的制度环境导致正式制度缺失，使企业容易通过关系型战略获取资源（邹国庆和王京伦，2015）。因此，长期处于低质量的制度环境容易导致企业员工及高管对关系型战略有所依赖，缺乏企业家精神，导致认知惰性。认知惰性是一种个体相对稳定的心理特征，其形成是长期学习累积而来的，使个人具有较主观的事前假设和论断（Gavetti，2005）。在产生认知惰性后，企业员工及高管在接受外部知识时，无法吸收这些新信息，捕捉其中存在的有价值的内容（Hodgkinson，1997）。因此，企业人员长期在低质量环境产生的认知惰性，对机会认知的迟钝，限制了机会识别水平，制约企业动态能力（Teece，2007）。

低质量的制度环境还会对企业的机会识别形成一种"壁垒"效应，使企业知难而退，直接将企业的机会识别阻碍在"萌芽"阶段。具体地讲，在制度完善的环境下，当企业获取外部知识后，认为某种业务或产品将在未来的市场中可能获得经济利润。而在低质量的制度环境下，受交易成本高、市场准入条件高和产权保护不够完善等不利条件影响，企业人员根本不会认为这样的业务或产品会在未来给企业带来利润，更难以认识到机会的存在。例如改革开放初期，我国汽车行业虽然有较高的利润，但进入门槛较高，这个进入门槛不仅是对企业雄厚资本和技术能力的要求，更是在我国转型经济下，民营企业的进入有严格的准入限制（江诗松等，2011）。在这样的情况下，即便有高利润的激励，经济个体会在认知上有这样一种默认的前提假设，即民营企业无法进入汽车行业，所以无法认知到这类机会。而吉利创始人李书福，具有极强的制度能力，突破了制度壁垒，这是非常卓越的，也是大多创业者难以做到的（江诗松等，2011）。

低质量的制度环境会对企业管理者在觉察、评估和行动方面造成一定的障碍（林亚清和赵曙明，2013），不利于发掘潜在商业机会。在低质量的制度环境下，企业在获取外部市场知识后，难以对未来市场机会形成准确的判断，限制了机会识别水平；技术知识的引入，企业难以意识到技术对市场的全部价值，更容易忽视潜在的机会。因此，本研究提出假设：

假设13（H13）：地区制度越完善，外部市场知识获取对机会识别影假设14（H14）：地区制度越完善，外部技术知识获取对机会识别影响越强。

（二）制度环境对外部知识获取与内部研发活动的调节作用

战略管理领域的制度基础观意味着用制度视角进行战略研究，除了考虑行业与企业层面的条件，企业在制定战略时还需要将国家和社会层面的因素考虑进来（Peng，2002）。制度环境会对嵌入其中的经济体的行为产生重要影响（North，1990；Peng 等，2009），对组织行为、企业决策和战略制定有重要作用（Peng 等，2008）。制度环境影响企业家精神的分配，企业家倾向于从事生产性活动还是非生产性活动与制度有密切的关系（Baumol，1996）。

企业嵌入良好的制度环境有利于企业内部资源的配置效率（Claessens 和 Laeven，2003），外部市场知识和技术知识参与企业研发活动时，实际是一种资源向生产性活动再配置和利用的过程。因此，处于高质量制度环境的企业，外部知识获取对企业研发活动的影响更强。转型期的中国制度环境存在二元激励，高低质量的制度环境分别会促进企业的市场型战略和关系型战略（邹国庆和王京伦，2015），处于低质量制度环境的企业更倾向于将资源配置给用以维持政府关系等行为，处于高质量制度环境的企业则更倾向于将资源配置给以创新为目的的企业研发活动。高质量的制度环境所提供的良好的法律体系，使企业对合约的遵守程度更高，违约所受损失严重，促进劳动分工并且有利于外部技术知识的应用（Costinot，2009）。由于路径依赖和企业成长惰性，长期处于低质量制度环境的企业，更依赖于通过非市场战略获取利润，对外部知识的应用的程度低，忽视研发活动的战略意义。

所处的制度环境不同，公司所拥有资源能体现出的价值不同（Holburn 和 Zelner，2010；Meyer 等，2009）。在高质量的制度环境下，由于企业可以通过合理合法的渠道获取互补型资源，如银行信贷、技术雇员，这增加了公司资源的价值（Khanna 和 Rivkin，2001；North，1990）。在低质量的制度环境下，声誉或政治联系可以替代正式制度，从这个层面上增加了公司这类资源的价值（Khanna 和 Palepu，1997、2000；Kock 和

Guillén，2001）。在这样的逻辑下，外部市场知识与外部技术知识的获取，增加了企业的生产性资源，这类资源的特点在高质量的制度环境下可以发挥更大的作用，也就是高质量的制度环境可以增加生产性资源的价值。研发活动也是资源配置在生产性行为的典型。因此，在高质量的制度环境下，企业的外部知识获取对研发活动的影响更强。因此，本研究提出以下假设：

假设 15（H15）：地区制度越完善，外部市场知识获取对内部研发活动影响越强。

假设 16（H16）：地区制度越完善，外部技术知识获取对内部研发活动影响越强。

（三）制度环境对机会识别与内部研发活动的调节作用

考虑到研发活动本身是具有风险性的行为，低质量的制度环境本就蕴含着高度的不确定性，为规避更高的风险，企业研发的强度受到限制。研发活动从投资到新技术、新产品或服务的产生具有周期较长的特点，企业获取利润的回报期漫长，在企业识别机会后，所处环境会影响企业科研活动的开展和强度。高质量的制度环境，产权可以得到保护，政府治理水平高，市场化程度高，可以为企业研发投入获得相应经济回报提供保障（马光荣等，2015）。以规则为基础的正式制度环境越发完善，市场调节机制作用突出，非正式制度对企业的激励作用减少（邹国庆和王京伦，2015）。在高质量的制度环境下，企业依赖非正式制度来克服发展阻碍的意向变弱，在机会识别后，更倾向于通过以创新战略为目的的研发活动实现企业利润。

低质量的制度环境意味着较低的市场化水平，政府在市场资源配置等方面有更高的参与度和干预权，企业受到除市场本身外的额外管制造成了较低的生产效率和较高的不确定性，增加交易成本，使企业的运营受到一定阻力（Stoian 和 Mohr，2016）。企业识别机会后，会对机会的实施进行评估，如果预料到机会的实施可能遇到阻力，那么其开发机会的意愿和程度也会降低。这种情况下，企业即便识别有价值的机会，也会因对经营环境可能存在的阻力产生顾虑，谨慎投资，研发活动强度受到不利影响。同时处于这种环境中的企业可能受到知识保护难以得到保护的困扰，在识别机会后因担心研发成果被模仿或窃取而无法得到回报，影响了企业研发活动的意愿和强度。因此本研究假设：

假设17（H17）：地区制度越完善，机会识别对内部研发活动影响越强。

第四章

研究方法与专题调研

为实证研究做准备，检验本研究所提假设，遵循科学研究的范式，选取样本采集数据，本章首先对数据采集过程进行了阐述，并检验了样本可靠性。本章还对研究内容涉及的变量测量进行了介绍，本研究所选变量的测量都源于已有研究的成熟量表，有些指标针对本研究的特点进行了微调，从而设计出适合本研究的完整调查问卷。

第一节 数据收集

一 研究设计

本研究的数据来源于对样本企业的问卷调查，制度环境的数据使用了市场化指数，仅在调查问卷中体现为对企业所在地的问询。针对构念的测量，参考权威国际期刊中相关研究的成熟量表，部分构念的测量结合本研究的实际情况进行了微调。在量表的翻译与校对方面，本研究量表的翻译由笔者独立完成，校对工作由科研团队中三名博士研究生和一名硕士研究生共同承担，校正翻译过程中的偏差和疏漏，以确保在量表转译过程中意义表达的精确和完整。为克服语言的局限性，根据 Brislin (1980) 的建议，由另一名博士研究生进行了中译英的回译，排除翻译过程中可能存在的主观偏差。最后所有研究人员对翻译中产生的偏差进行讨论，精准用词。问卷初稿完成后，请三位博士研究生和一位教授对完整问卷进行测试性填答和初步评估，确认每个题项无歧义，并根据反馈意见再次修正问卷。最后，邀请企业管理专业的海外留学博士研究生，对问卷的中英文版本进行校对，确保翻译过程中意义的准确表达。

二 调研对象

本研究所使用的数据除制度环境外均来自问卷调查。考虑调查实施的可行性，结合调研团队的实际资源和本研究的研究内容来选择样本。首先，充分考虑本研究调节变量——制度环境的地区差异，本研究对样本企业所在省份的选定意图涵盖较全面的省份，尤其在东北、华北、华中、华南、华东、西北、西南的地区划分中，都有相应省份的公司被纳入相应的区域。西南、西北地区的省份区域市场化指数相对较低，高新技术企业比例较其他地区密度更低，经济发展水平相对靠后；东北地区属于老工业基地，大型国有企业的占比较高；华北、华东和华南地区经济相对更加活跃，企业市场化运营水平较高，高新技术企业密度也相对更大；华中地区的中小企业经济繁荣，正在为追赶和打造一线城市全力以赴。

行业是影响企业创新的一个重要前因变量，且行业结构、行业特征会对企业的运营发展产生很高的影响。因此，结合本研究的内容，要求行业企业具有创新、研发等特征性的活动，所以选择行业上需要倾向于知识密集型或技术型企业。综合考虑取样的难易程度和知识密集型特征，本书选取了制造业和软件通信两大行业。

在选择具体的问卷填答者时，由于企业高管能够更宏观、全面地掌握企业运营信息及绩效表现，更加了解企业的对外交流、技术引进和资源配置等情况，因此为确保问卷的填答者能够准确回答问卷涉及问题，本研究拟选择企业中高层管理人员作为调查对象。同时为了提高数据的可靠性，在数据采集上规避同源误差的产生，本研究对同一企业选择两位问卷填答者，第一位答卷人回答含有外部知识获取、机会识别两个构念的题项——问卷一，第二位答卷人回答含有企业内部研发与创新绩效两个构念的题项——问卷二。因此，为合理选择答卷人，同时考虑填答的可操作性，问卷一依然由了解企业运营情况的企业部门主管及以上级别人员来填答，问卷二由异于问卷一的了解企业运营情况的企业部门主管及以上级别人员填答。实际上，填答者的职位级别越高，尤其是企业高层管理者（如董事长和总经理）对企业的了解更宏观和全面，但要确保数据的数量和问卷调查实施的可操作性，本研究的调查对象扩展为了解企业运营的企业部门主管及以上级别人员。同时，在与企业有直接沟通的实地调研中，我们尽最大努力访问到企业高层管理者帮助我们完成问卷一的填答。

除此之外，为保证问卷的信度，本研究还对题项设计顺序进行平衡，增加具有甄别性的无关题目设置，加入反向计分的题项设置。另外，由于本研究的抽样数据大部分为方便抽样所得（下节有阐述调研过程），而且有在不了解企业信息等情况下大面积发放问卷的情况，因此，问卷中包含了筛选题项的设置，如企业行业、企业年龄、答题者在企业内职位等，在后续的数据筛选中，方便剔除不符合要求的样本。这样的设计，一是为了保证调研的顺利开展，更重要的是，对于部分调研中可能存在的样本不符合取样标准的数据进行剔除和筛选，保证数据质量。

三 调研过程

预调研。在正式实施本次调研之前，课题组就近选取了长春市10家符合样本要求的企业进行问卷发放，并与填答的企业管理人员进行沟通，接收其反馈的关于题目理解的信息，对企业难以理解的用词加注解释说明，使得问卷容易被企业填答者理解，贴近企业生产经营实践，进一步保障后续数据的准确性，减小系统误差。同时，配合后续的调研培训，可以让参与调研的课题组成员通过实践掌握与企业沟通技巧。

正式调研。问卷开始前，各渠道问卷发放通过不同方式向填答者解释调研的科研性目的，数据的保密性措施，同时请求填答者务必根据企业实际情况，客观填答问卷题项。问卷设计包含严谨的甄别题项与筛选题项。甄别题项为，请直接选择"有点不符合"的选项，如果答题者选择其他选项，此问卷作废；反向计分题目中，如果答题者填答与同一构念的其他题项不一致，此问卷作废。针对非现场访问和电话访问的问卷，还设置了筛选题目，包括行业、答题人职位、企业性质（国企、私营、合资、政府机关及非营利机构、其他），进一步保证样本符合要求，剔除非目标样本和答题不严谨的作答者。同时对企业成立年限少于3年、企业人员少于20人的企业进行剔除，新成立的家族企业与微型企业在组织机构、运营管理上可能不够成熟，为保证样本质量，直接做剔除处理。

数据是支撑实证研究的核心内容，数据收集是本研究的关键环节，数据质量的优劣直接关乎实证研究的准确性和研究结果的方向。但受到客观条件的限制，课题组的时间、经费和人员有限，对企业层面的调研充满困难和挑战。企业高管的配合度低，答题草率，也使得有效问卷的回收率变低。综合考虑调研的可实施性，合理利用外部资源支持，提高回收率，增加样本量，本研究使用了以方便抽样为基础的多种调研方式结合的调研形式。具体包含以下三种。

第一，前往四川、上海和江苏三地进行实地调研，分别在掌握信息的企业产品推介展会、行业会议、高校的EMBA课堂上发放调查问卷。通过导师和课题组成员与活动主办方的提前沟通，直接进入活动现场进行问卷发放。对符合调查标准的调查对象发放纪念品，并恳求其帮助协调公司相关同事完成问卷二的填答，为配合这一工作，研究者使用了问卷设计软件生成的可在微信内使用的网页链接。由于这一调研实际为当面访问，直接询问其所在行业（是否落入制造业与软件通信）与所在公司职位（部门主管及以上管理人员）以确认是否符合本次调研。

第二，通过熟人网络以滚雪球的方式联系企业人员。以研究团队成员为中心，通过老师、同学和朋友介绍，联系符合条件的企业进行电话访问、邮件寄送和微信问卷链接的形式发放问卷。同时请求这些企业介绍几个关系企业参与本调研。

第三，委托咨询公司选择符合样本要求的企业进行问卷发放。作为调研方式的补充，联系到更多愿意配合调研的企业，研究团队与专业咨询公司有偿合作，通过短信与邮件向调研对象发放问卷链接。为保证问卷质量，在问卷中设置筛选题项和甄别题项，并对答题时间等做了筛选和严格控制。

四 所得样本基本特征

此次调研覆盖了 24 个省份,总计发放问卷 972 份,回收 570 份,经过筛选后有效问卷 226 份,这 226 份问卷符合样本要求,填答完整,无连续选择同一选项的随意答题特征,反向计分与甄别题项均通过验证。此次调研问卷调查的回收率为 58.6%,有效率为 23.25%。有效率偏低有如下原因,在非一对一企业的电话访问或现场访问的调查方式中,尤其在 EMBA 班级及行业会议等现场问卷发放以及与咨询公司合作的问卷中,尽管调查人员尽量事前选择符合样本的调查对象,由于人员有限,不能做到一对一的解释说明,筛选题项过滤很多不符合样本要求的调查对象,还有一些问卷信息不完整,存在电子问卷答题时间过短等问题,但经过严格的筛查,最终获取 226 份完整的符合要求的合格问卷。

(一)调研对象的基本信息

填答问卷者年龄多集中在 30—50 岁,在公司工作 3 年以上的答题人占近 80%,可以说对公司经营状况非常了解。由于调研对象在企业的工作年限与年龄,并不计入实证研究,非主要数据,因此对这两项缺失数据的问卷未做剔除处理。问卷填答者的基本信息见表 4.1。

表 4.1　　　　　　　　调研对象的基本信息

调研对象特征		占比(%)
1. 被访者在企业工作(年)	≤3	21.24
	4—7	36.28
	8—11	24.34
	≥12	15.93
	缺失	2.21
2. 被访问人的职位	副总经理及以上级别管理人员	43.80
	部门主管	56.19

续表

调研对象特征		占比（%）
3. 被访问人的年龄（岁）	≤30	18.14
	30—40	43.81
	40—50	23.89
	>50	9.73
	缺失	4.42

（二）地区分布

为了体现本研究调节变量——制度环境的差异性，样本选择时本着尽量覆盖广泛地区的目的，使东北、华北、华中、华南、华东、西北和西南的分区中都有样本企业入选，最终的有效问卷中包含了24个省份。样本量排名靠前五的省份分别是，四川的样本企业占比为18.58%，上海的样本企业占比为14.60%，北京的样本企业占比为11.06%，广东的样本企业占比为10.62%，山东的样本企业占比为7.52%。贵州、天津等地的样本量较小，样本量排名最后。总体企业分布按照东北、华北、华中、华南、华东、西北和西南的地区来分配相对均衡，保证了制度环境的差异性，基本满足研究需要。地区分布的基本信息见表4.2。

表4.2　　　　　　　　　地区分布的基本信息

所在地区	频数（次）	占比（%）	累计占比（%）
四川	42	18.58	18.58
上海	33	14.60	33.19
北京	25	11.06	44.25
广东	24	10.62	54.87
山东	17	7.52	62.39
黑龙江	11	4.87	67.26
江苏	11	4.87	72.12
陕西	10	4.42	76.55

续表

所在地区	频数（次）	占比（%）	累计占比（%）
辽宁	9	3.98	80.53
福建	7	3.10	83.63
浙江	6	2.65	86.28
湖北	6	2.65	88.94
宁夏	5	2.21	91.15
云南	4	1.77	92.92
河北	3	1.33	94.25
西藏	3	1.33	95.58
内蒙古	2	0.88	96.46
安徽	2	0.88	97.35
天津	1	0.44	97.79
吉林	1	0.44	98.23
河南	1	0.44	98.67
重庆	1	0.44	99.12
贵州	1	0.44	99.56
新疆	1	0.44	100.00
合计	226	100.00	

（三）企业特征

本研究调研时限定了所选行业，为制造业（机械设备制造、医药化工、农副产品加工等）和信息传输、软件和信息技术服务业（电信传输、软件、计算机服务等）两个行业，由于这两个行业对企业规模的划定标准不同，制造业中，从业人员超过1000人认定为大型企业，301—1000人认定为中型企业，小于300人认定为小型企业；而软件信息业中从业人员大于300人即认定为大型企业，101—300人认定为中型企业，小于100人认定为小型企业。如前所述，从业人数小于20人的企业在问卷中独立设置的选项，在问卷筛选阶段已经删除。总体来看，小型企业占总样本量的27.43%，中型企业占样本总量的52.65%，大型企业占总样本量的

19.91%，企业规模的分布相对均衡，中型企业占比最多，大型企业与小型企业样本各占四分之一左右。最终样本企业中，为方便统计，将行业与从业人数进行综合列表，见表4.3。

表4.3　　　　　　　　　　　　行业与企业规模

行业	企业规模（人）	频数（次）	百分比（%）	累计百分率（%）
制造业	小型（21—300）	38	16.81	16.81
	中型（301—1000）	97	42.92	59.73
	大型（大于1000）	15	6.64	66.37
通信与软件业	小型（21—100）	24	10.62	76.99
	中型（101—300）	22	9.73	86.72
	大型（大于300）	30	13.27	100.00
总计		226	100.00	

企业所有制的性质在一定程度上会影响企业战略决策（李丹蒙和夏立军，2008），对创新活动和研发活动也有潜在影响，是本研究的一个控制变量。在企业所有制的选择上，本研究未做限制，样本企业包含了国有企业、民营企业和"三资"企业。从分布上看，国有企业占总样本量的23.89%，私营企业占总样本量的62.83%，"三资"企业占总样本量的13.27%。见表4.4。私营企业占总样本的比例最高，国企与"三资"企业占比稍低，在所有制性质的样本分布上比较合理。

企业成立年限可以体现出企业的发展阶段，对企业的生产经营活动有一定影响（Tsai等，2011）。本研究在问卷题项中询问了企业具体成立时间，这里为方便掌握样本整体特征，将企业年龄按大小顺序划分为几个部分，以统计对应年限的企业数量。由于刚刚成立的企业在组织架构与生产经营上可能存在不成熟的方面，因此在问卷筛查时，已经剔除成立年限小于3年的企业。新创企业的划分标准为8年以下，本研究实际包含新创企业，仅剔除了成立时间过短的企业。有效样本中，成立年限在9—15年的企业数量最多，占总样本量的40.27%；成立4—8年的企业，占比为27.43%；成立16—25年的企业，占总样本量的 24.78%；成立年限高于 26 年的企业占比最少，为 7.52%。从这样的分布来看，在企业年龄的分布上，样本配比也较为合理、均衡，无极端情况。

表 4.4　　　　　　　　　　　　企业所有制与年龄

企业特征		频数（次）	占比（％）	累计占比（％）
所有制	国有企业	54	23.89	23.89
	私营企业	142	62.83	86.72
	三资企业	30	13.27	100.00
企业成立年限	4—8 年	62	27.43	27.43
	9—15 年	91	40.27	67.70
	16—25 年	56	24.78	92.48
	26 年及以上	17	7.52	100.00

第二节　变量测量

一　量表的选择

本研究所要测量的变量在管理学中都有广泛的研究，各变量在实证研究上都有丰富的文献，因此这些指标的测量都有一种或多种比较成熟的量表可选。为了确保构念测量的信度和效度，对构念的测量遵循这样几个原则。第一，选择成熟量表，且被多个实证研究使用过，被认可为具有高度的可靠性。对同一构念的测量对应多个量表的情况，根据研究的相近性和中国情境，选择那些与本研究内容更贴近的量表。第二，在英文量表的翻译中，分组翻译，多次校对，一次回译，如果检索到中文文献中使用过该量表，也作为参考依据。保证量表在翻译过程中信息准确表达不流失、不增加。第三，对量表的微调本着有利于研究情境的标准，且尽量以在中国情境使用过的量表为参考依据。第四，在保证信效度的前提下，精简题项设置，语言简单精确，力争缩短答题者时长。如果问卷过于冗长，容易引起答题者厌烦情绪，反而不利于数据的准确性。因此，平衡好量表的信效度与题项数量的关系至关重要。

二 变量测量

本研究共涉及五个变量，除制度环境外，其余四个变量均采用问卷调查法获取数据，问卷调查中对企业所在省份的询问对应相应市场化指数，作为制度环境的变量。其中，因变量为创新绩效，自变量为外部知识获取（分为市场知识获取与技术知识获取两维度）、机会识别、企业内部研发活动与制度环境。外部知识获取通过机会识别与内部研发的中介作用影响企业创新绩效，制度环境在模型的前半段起调节作用。

本研究对构念的测量采用李克特5分制量表，由答题者根据题目的描述，结合企业实际发展运营状况，与行业内同类企业相比较，客观评价本企业的实际情况，进行选择。"1"代表非常不符合，"5"代表非常符合。在对企业内部研发活动测量时，"1"表示大幅下降，"5"表示大幅增加。用主观打分法的前提在于答题者对企业的状况十分了解，这在选择答题对象时就做了筛选。另外，通过与行业内企业对比，对变量的测量具有相对性、可比性，反映得更加全面。最后，主观测量更容易反映企业行为感知等难以用数字量化的变量，且有些答题者对数字的记忆模糊，又不愿意去相关部门核实准确数据，而填答估计数据的情况不利于保证数据的真实性与准确性。

（一）因变量

创新绩效。创新绩效的测量主要通过客观的专利数量测量与主观测量两种方式。本研究未使用专利数量作为测量企业创新绩效，主要有以下几个原因，首先，专利数量虽然能在一定程度上代表产品的技术含量，企业创新产出，但企业实际的生产过程中，有很多技术的改进和应用由于专利申请的条件约束和周期等因素，并未申请专利；其次，企业申请的某些专利可能是基于政策性目的，如政府对企业创新的资金扶持需要以此为主要依据，而这样申请的专利很多并未应用于企业的产品；最后，本研究的数据来源并非二手数据，而是对企业高管的问卷调查，由于企业高管填写问卷的时间有限,对于企业持有或申请的专利数量并不能精确地记忆,查找公司数据又要消耗一定时间和精力,这样的问卷调查中难以获取精准的数据,因此本研究选择了带有主观判断的题项。创新绩效的量表根据钱锡红等(2010)的研究,该研究综合了 Bell (2005)、Ritter 和 Gemünden (2004) 的研究,使用李克特 5 点量表,共五个题项对创新绩效进行测量,钱锡红等(2010)检验中利用探索性因子分析与信度,量表体现出良好的信效度。具体题项见表 4.5。

表 4.5　　创新绩效的测量

变量名称	量表题项	文献来源
创新绩效	(在行业内,根据公司近一年的经营表现,客观地评价我公司的状况) 1. 我公司经常早于竞争对手推出新产品/新服务 2. 与同行相比,我公司经常在行业内率先应用新技术 3. 与同行相比,我公司的产品改进与创新有较好的市场反应 4. 与同行相比,我公司在行业内拥有一流的技术工艺和流程 5. 与同行相比,我公司产品开发的成功率非常高	钱锡红等(2010); Bell (2005); Ritter 和 Gemünden (2004)

(二) 自变量

外部知识获取。现有文献对外部知识获取的测量方式比较集中,通过对企业外部知识源的数量和程度的问询,获得企业外部知识获取的评分。本研究以企业外部市场与技术知识源为基础,答题者对题目表述与企业相符程度的得分可以进一步显示这一项知识源的获取强度。对外部市场知识获取的测量主要参考 McKelvie 等(2008),对外部技术知识获取的测量主要参考 Zhou 和 Li (2012),其中市场知识获取的测量包括四个题项,技术知识获取的测量包括四个题项。具体题项见表 4.6。

表 4.6　　　　　　　　　　外部知识获取的测量

变量名称	量表题项	文献来源
外部知识获取	市场知识获取 1. 我公司经常与客户交流来获取其对产品或服务的评价及潜在需求的信息 2. 我公司经常与供应商交流来获取市场信息 3. 我公司经常与能够影响终端顾客购买行为的人员（如零售商、分销商）进行交流 4. 我公司经常通过各种渠道获取关于竞争者的市场信息 技术知识获取 1. 我公司经常向合作者学习新产品及服务开发、生产制造技术 2. 我公司经常通过收购、技术购买等方式直接获得某些专业技术的使用权 3. 我公司经常与研究机构（高校、科研单位）有研发合作 4. 我公司通过多种途径收集有关技术发展趋势的信息	McKelvie 等（2008）； Zhou 和 Li（2012）；

（三）中介变量

机会识别。目前研究对机会识别的测量主要偏于机会识别能力的过程性测量与从结果入手对企业识别机会的数量和新颖性两种测量方式。测量企业识别机会如果使用机会识别的数量和创新性，从结果来测量机会识别，对于业务较多的大型公司来说，问卷回应者很难在有限的填答时间内精确地确定企业识别机会的数量。因此，本研究借鉴 Ozgen 和 Baron（2007）开发的量表，从发现机会的能力来测量机会识别。任胜钢和舒睿（2014）、Ma 等（2011）的研究中参考了 Ozgen 和 Baron（2007）的量表，表现出较好的信效度。具体题项见表 4.7。

表 4.7　　　　　　　　　　　　机会识别的测量

变量名称	量表题项	文献来源
机会识别	1. 我公司在日常经营活动中，经常会产生有关未来新业务的构想甚至方案 2. 我公司对机会有高度的敏感性和快速的反应能力 3. 我公司经常有一些可以转化为新产品或服务的创意	Ozgen 和 Baron（2007）

内部研发活动。现有研究对企业内部研发活动的测量使用二手数据或利用财务报表中研发投入、人均研发投入、研发支出与销售额占比等方式对研发活动进行测量。本研究对内部研发活动的测量参考 Horowitz（1962）对研发活动测量的提议，结合答题者主观判断的情境，从研发部门工作量、研发人员数量与研发投入三方面进行测量。又考虑 Liying 等（2016）的提议，为清楚地表明研发活动的反应型变量特征，使用研发活动改变（增量）来测量企业研发活动的改变，也就是说，对内部研发的测量中，本研究实际测量的是内部研发活动改变。选择量表中，"1"表示大幅下降，"5"表示大幅增加。具体题项见表 4.8。

表 4.8　　　　　　　　　　　　内部研发活动的测量

变量名称	量表题项	文献来源
内部研发活动	1. 与前两年相比，我公司近一年研发部门的工作量 2. 与前两年相比，我公司近一年负责研发工作的年均人员数量 3. 与前两年相比，我公司近一年在研发活动中的年均资金投入	Horowitz（1962）

（四）调节变量

制度环境。制度环境的测量参考 Shi 等（2012）的研究，使用了区域市场化指数来反映各省市的制度环境特征。区域市场化指数的最新版本是王小鲁、余静文和樊纲在 2016 年发布的《中国市场化八年进程报告》，报告中市场化指数的最新年份为 2014 年。由于制度环境具有相对稳定性，且各地区的市场化指数的高低位次变化不大，使用这一指数来测量制度环境具有可行性。且国内的一些权威研究使用了这一指数，如李新春和肖宵（2017）。

（五）控制变量

本研究选择了4个在创新研究中广泛应用的控制变量。

企业年龄。企业年龄对企业创新意愿以及动态能力的形成都有一定影响。在调查问卷中问询了企业的成立年份，用2018与企业成立年份的差作为企业年龄。在实证分析阶段取LOG10（企业年龄）。

企业所有权性质。顺次分为国有企业、民营企业和"三资"企业三类。

企业规模。根据国家统计局对企业规模的划分标准，与行业的类型和从业人员数量有关。由于这两个行业对企业规模的划定标准不同，制造业中，从业人员超过1000人认定为大型企业，301—1000人认定为中型企业，小于300人认定为小型企业；而软件与信息业中从业人员大于300人即认定为大型企业，101—300人认定为中型企业，小于100人认定为小型企业。根据制造业、软件与信息业的各自划分标准，分为小型企业、中型企业和大型企业三类。在问卷中体现为对行业与从业人员数量的问询。

行业。本研究根据国家统计局对行业的划分，仅选择了两个行业大类，制造业与"信息传输、软件和信息技术服务业"两个行业，后者在本研究中被简称为软件与信息业。

第三节　统计分析方法

本研究为验证机会识别与内部研发活动在外部知识获取与创新绩效正向关系中的链式中介作用，以及制度环境在理论模型前半段的调节作用，在实证研究阶段对数据分析，主要应用如下统计手段。

信度、效度检验。一致性反映了测量的无偏差程度，同一构念的多个题项间的一致性，能体现测量的信度。目前，比较常用的检验信度的方法主要有再测信度、副本信度、项目间一致性信度和折半信度（Sekaran 和 Bougie，2016）。结合本研究的可实施性，与问卷中使用的多重评分量表的实际情况，最终使用评价项目间一致性信度较常用的方法 Cronbach's α 系数。执行软件为 SPSS 21.0。效度能反映出测量结果与真实值的接近程度。本研究所用量表均为成熟量表，被证明有较好的内容效度，这里只评价构念效度，包括聚合效度与辨别效度（Sekaran 和 Bougie，2016）。通过变量的相关矩阵与 AVE 比较确认辨别效度，通过因子载荷、CR 等评价聚合效度。执行软件为 AMOS 17.0。

同源方差检验。同源方差是由测量方法引致的系统性误差，可能来源为同一答题者回答了自变量与因变量的所有问题，题项特征、答题情境等因素也会带来这种系统误差。对同源方差的检验，本研究使用了 Harman 单因子分析法（Podskoff 和 Organ，1986）。对所有变量进行因子分析（不旋转），当第一主成分的解释方差小于50%时，则判断同源方差问题不严重。执行软件为 SPSS 21.0。

描述性统计分析。为初步掌握采集数据的情况，各变量的均值、方差与相关性等指标，对数据进行描述性统计分析。相关分析揭示的是两组变量间的线性依赖关系。执行软件为 SPSS 21.0。

回归分析。回归分析是用来研究变量间相关关系的统计方法。本研究使用以最小二乘估计为基础的线性回归方法，对回归方程的显著性和回归系数的显著性进行检验，来验证理论假设。中介关系检验中使用了逐步回归法，调节关系检验中使用了层次回归法。执行软件为 SPSS21.0。

Bootstrap 分析。在用 SPSS 做回归分析时，实际对样本存在较强的前提假设，样本是随机选取的，数据需满足正态分布。Bootstrap 分析法克服了以上可能存在的问题，对数据进行了放回抽样处理。为进一步确认中介关系与调节关系，使用 Bootstrap 分析再次进行假设检验。执行软件为 SPSS21.0。

第 五 章

实证结果及分析

本章将通过实证分析来检验研究所提假设。首先,对量表测得数据进行信度分析与效度分析,验证测量的一致性与有效性。辅以描述统计,对测得结果有宏观理解,全面掌握数据情况。其次,利用多元回归方程对所得数据建模,通过显著性检验验证假设是否成立,同时用 Bootstrap 的多次重复抽样技术,弥补样本可能因为缺乏正态分布等问题造成回归方程的检验不可靠的缺陷,进行补充验证。

第一节 信度和效度分析

一个高质量的测量是获取高质量数据的基础和前提。较高的信度,对应较小的测量标准误差,测得的实际值就越接近真实值。一个测量如果没有合理的信度,那么就无法再谈效度,信度是效度的必要条件(荣泰生,2010)。为确认本研究通过问卷调查所得数据的质量,评价测量的一致性与有效性,本节将进行信效度分析与同源方差检验。

一 信度检验

信度是指测量结果的一致性或稳定性(荣泰生,2010)。再测信度、副本信度是对稳定性的评价,项目间一致性信度与折半信度是对一致性的评价(Sekaran 和 Bougie,2016)。而副本信度与再测信度在本研究实施的数据采集与信度检验中,难以实现。因此,本研究选择在专题研究中,通过常用的 Cronbach's α 系数法来评价信度,计算公式为:

$$\alpha = \frac{K}{K-1}\left(1 - \frac{\sum S_i^2}{S^2}\right)$$

K 表示量表题项总数，$\sum S_i^2$ 表示题项的方差综合，S^2 题项加总后方差（荣泰生，2010）。

当 Cronbach's α ≥ 0.7 时，则测量结果被认为具有较高的信度，等于 0.7 是一个较低的但可以接受的临界值（Nunnally，1978）。DeVellis（2017）提出 Cronbach's α 值在 0.65—0.70 之间是最小可以接受的值，在 0.70—0.80 之间则表明具有很好的信度，如果 Cronbach's α 值大于 0.8，那么信度非常好。本研究信度检验的执行软件为 SPSS 21.0。

信度检验结果见表 5.1，本研究的所有构念均达到了合格的信度水平。首先，本研究所涉及构念的信度检验结果 α 值均大于 0.65，落入可以接受的范围内。其中创新绩效和内部研发的 α 值均大于 0.8，具有极好的信度，机会识别的 α 值在 0.70—0.80 之间，信度较好，外部市场知识获取与外部技术知识获取的 α 值稍低，但也在可以接受的范围内。外部市场知识获取与外部技术知识获取的 α 值稍低的原因在于，测试量表是针对知识源的问询，因此有些公司会在某一知识源上的知识获取程度较高，而另一个知识源的获取水平偏低，这一现象是可能导致这两个构念的信度略低的原因。其次，表 5.1 还报告了删除题项后最大的 α 值，结果显示均小于相应完整题项数目的 α 值。综上所述，本研究的所有构念均达到了合格的信度水平。

表 5.1　　　　　　　　　　　　信度检验

构念	题项数量	项已删除的最大 Cronbach's α 值	Cronbach's α 值
创新绩效	5	0.845	0.858
外部市场知识获取	4	0.656	0.669
外部技术知识获取	4	0.627	0.670
机会识别	3	0.742	0.796
研发活动	3	0.777	0.836

二 效度检验

一个测量工具，具有良好的效度，具体体现在两个方面。一是测量工具真实测量了目标构念，而不是其他无关构念；二是对目标构念的评分准确（荣泰生，2010）。一般来说，考虑可行性操作，对效度的评价采取内容效度评价和建构效度评价。

高的内容效度，量表所包含的题项可以恰当且具有代表性地反映所测构念。在加强量表的内容效度方面，成熟量表的选择后，翻译过程经过分组翻译比对、回译讨论，确保在语言转化时不增加信息、不流失信息，准确表述问询意义；在情境化处理阶段，参考中国学者的研究，对题型进行优化；在前测后，安排企业家访谈，综合团队研究人员意见，最后修订问卷的最终版本。因此，以上手段保证了本研究的问卷有充分的内容效度。

高的建构效度，测量工具测得的结果可以很好地与设计量表的理论依据相契合（Churchil，1979）。在建构效度上，本研究具体使用了聚合效度与区分效度来进行效度检验。本研究使用 AMOS 17.0 作为执行软件。

（一）聚合效度

聚合效度探讨的是外延性问题，要求充分地理解原理论建构（荣泰生，2010）。

利用验证性因子分析生成的因子载荷量判断聚合效度。因子载荷量越大，说明聚合效度越好。在最小容忍度的设置上，学者们的观点如下。Fornell 和 Larcker（1981）给出的建议是，当因子载荷大于 0.7 时，有较好的聚敛效度。荣泰生（2010）建议因子载荷量大于 0.5 即可认定为聚敛效度很好。Ford 等（1986）建议放松对因子载荷量的要求，建议将 0.4 设定为因子载荷量的最小值。根据表 5.2 可以看出，本研究的大部分题项的因子载荷量都达到了大于 0.7 的标准，I5、K3、K4、K6、K7 五个题项的因子载荷在 0.65—0.7 之间，基本满足后续实证研究对聚合效度的要求。

聚合效度还可以通过 AVE 值（Average Variance Extracted，平均方差萃取量）来判断，AVE 值越大，聚合效度越好。一般认为，AVE 值大于

0.5，即可认为有较好的聚合效度（Fornell 和 Larcker，1981），Ford 等（1986）建议将 AVE 的临界值设置为 0.4，大于 0.4 便是可以容忍的聚合效度。从表 5.2 可以看出，各构念对应量表的 AVE 值均大于 0.5，满足聚合效度对 AVE 值的要求。

Fornell 和 Larcker（1981）建议 CR 值（Composite Reliability，组合信度）大于 0.7，也是判断聚合效度的一个指标。根据表 5.2，四个构念量表的 CR 值均大于 0.8，一个构念量表的 CR 值大于 0.75，满足组合信度的阈值要求。综上所述，本研究的量表具有良好的聚敛效度。

（二）辨别效度

辨别效度探讨的是排他性问题，不相关的理论建构需要被排除在外（荣泰生，2010）。可以通过对比相关性的方法来分析判别效度。用 AVE 值的平方根与对应变量和其他变量间的相关系数做比对，当 AVE 值的平方根大于相关系数时，即对该变量的测量具有较好的辨别效度（Fornell 和 Larcker，1981）。利用因子载荷计算出 AVE 值后，再通过软件计算出各变量间的相关系矩阵。辨别效度的分析结果见表 5.3。经过对比发现，对角线上带括号的数值为 AVE 的平方根，大于对应变量与其他变量的相关系数。因此，本研究所用量表具有良好的辨别效度。

表 5.2　　　　　　　　　　聚合效度检验

变量	题项	因子载荷	AVE	CR
创新绩效	I1	0.799	0.530	0.849
	I2	0.766		
	I3	0.669		
	I4	0.726		
	I5	0.672		
外部市场知识获取	K1	0.769	0.506	0.803
	K2	0.701		
	K3	0.696		
	K4	0.675		

续表

变量	题项	因子载荷	AVE	CR
外部技术知识获取	K5	0.790	0.511	0.806
	K6	0.684		
	K7	0.667		
	K8	0.711		
机会识别	O1	0.779	0.569	0.798
	O2	0.720		
	O3	0.763		
研发活动	R1	0.756	0.631	0.836
	R2	0.783		
	R3	0.841		

表5.3　　　　　　　　　　辨别效度检验

	1	2	3	4	5
创新绩效	(0.728)				
市场知识	0.589**	(0.711)			
技术知识	0.659**	0.618**	(0.736)		
机会识别	0.713**	0.668**	0.698**	(0.754)	
研发活动	0.537**	0.525**	0.517**	0.578**	(0.794)

注：** 表示在置（双侧）为0.01时，相关性是显著的。

三　同源方差分析

同源方差的来源，由于所有题项由同一填答者回答，测试环境、题项语境等使预测变量与校标变量发生人为共变（周浩和龙立荣，2004）。这种变化是一种系统误差，会严重影响研究结论。对同源方差的控制主要分为事前控制和事后统计控制两种。

在事前控制上，本研究将问卷分为两部分，由同一公司的不同管理人员填答；在题项设置上，除了增加反向计分项，还对题目顺序进行了随机化处理；在指导填答人员填答时，强调填答问卷的客观性，根据公司实际经营状况填答。

同时，本研究对所得数据进行了事后检验。使用 Harman 单因子分析法（Podsakoff 和 Organ，1986）检验数据是否排除同源方差问题。将多有题项放入进行探索因子分析，共产生四个主因子，第一主成分的贡献率为 32.48%，小于普遍接受的 50% 的阈值。同时，成分矩阵显示各变量的载荷分布到了不同的因子上。据此，本研究通过问卷调查所获数据不存在严重的同源方差问题，对后续的实证研究无重大影响。

第二节　描述统计

为了全面而宏观地了解数据全貌，掌握各变量均值、方差和相关性的问题，在假设检验开始前，对数据进行描述性统计。经过前期的信效度检验，本研究量表具有较好的信效度，参考温忠麟等（2012）的建议，当量表有理想的信度水平时，可以计算构念对应题项的平均得分，作为该构念的观测值。因此，通过问卷所获数据的变量，外部市场知识获取、外部技术知识获取、机会识别、内部研发活动和创新绩效的计分，通过计算各构念对应题项的均值获得。

总体来看，外部市场知识获取、外部技术知识获取、机会识别、内部研发活动和创新绩效的均值都在 4.1 分以上，总体呈现较高的水平。制度环境的均值为 7.853，最高分的是上海（9.78），最低分的是西藏（0.62）。企业年龄的均值为 13.27。

为考察变量间相互依赖关系，本研究对数据进行了相关分析，并通过相关系数与显著性初步判断构建模型的合理性。标准化的相关系数的取值为 [-1, 1]，绝对值越接近零，相关性越小，反之则越大。当相关系数大于 0.7 时，需要考虑模型中可能存在严重共线性的问题。根据分析结果（见表 5.4），本研究的相关系数除机会识别与创新绩效外均小于 0.7，而机会识别与创新绩效在理论阐述时，实际上具有强关系，在后续建模中我们还关注了 VIF 与容差，排除了严重共线性干扰。相关分析还显示：外部市场知识获取、外部技术知识获取与机会识别、内部研发活动、创新绩效存在显著正相关关系；机会识别、内部研发与创新绩效显著正相关；机会识别与内部研发活动呈显著正相关。这些结论初步肯定

第五章 实证结果及分析　127

表 5.4　　均值、标准差与相关系数

	1	2	3	4	5	6	7	8	9	10
1. 创新绩效	1									
2. 市场知识	0.589**	1								
3. 技术知识	0.659**	0.618**	1							
4. 机会识别	0.713**	0.668**	0.698**	1						
5. 研发活动	0.537**	0.525**	0.517**	0.578**	1					
6. 制度环境	0.138*	-0.006	0.071	0.107	-0.011	1				
7. 企业年龄	-0.111	-0.141*	-0.151*	-0.247**	-0.316**	0.156*	1			
8. 行业	-0.035	0.083	0.038	0.094	0.007	0.054	-0.129	1		
9. 所有制	-0.001	0.088	-0.011	0.025	0.137*	0.120	-0.035	0.031	1	
10. 企业规模	0.214**	0.149*	0.173**	0.130	0.149*	-0.134*	0.160*	0.152*	-0.086	1
均值	4.123	4.325	4.116	4.207	4.176	7.853	13.270	1.340	1.890	1.920
标准差	0.643	0.552	0.636	0.690	0.694	1.740	11.778	0.472	0.602	0.682

注：** 表示在 0.01 水平上显著相关，* 表示在 0.05 水平上显著相关。

了本研究理论模型的合理性。在控制变量方面，企业年龄与市场知识获取、技术知识获取、机会识别、内部研发活动呈显著负相关；企业规模与外部市场知识获取、外部技术知识获取、内部研发活动、创新绩效呈显著正相关。在调节变量制度环境的表现上，与创新绩效呈正相关，在与本研究分析的主要变量上并未显著，只能看出正负趋势，制度环境与企业年龄呈显著正相关，与企业规模呈显著负相关。

第三节 假设检验

本小节将检验研究所提假设，分析主效应、中介效应和调节效应。中介效应的检验采用 Baron 和 Kenny（1986）的建议，使用依次法分析中介效应，为了进一步验证中介关系的存在，本研究使用 Preacher 等（2007）建议的 Bootstrap 方法作为补充。链式中介作用的检验使用 Preacher 等（2007）建议的 Bootstrap 方法。制度环境的调节效应检验使用层次回归法。执行软件为 SPSS 21.0。

为保证回归分析的可靠性与稳定性，根据马庆国（2002）的建议，对回归模型做了多重共线性与序列相关检验，并报告了所有模型的 VIF 值、容差和 DW 值。多重共线性问题会干扰最小二乘估计的性质，从而影响以最小二乘法为基础的回归方程的科学性，因此，检验回归模型是否存在严重的共线性问题。本研究使用膨胀因子（VIF）值评价共线性问题，当 VIF＜10 时，一般认为，模型中变量的共线性问题不严重，可以接受。序列相关是指模型的各残差具有相关性，本研究用 Durbin-Watson 值（DW）来判断序列相关问题。一般认为，DW 值大于 1.5 且小于 2.5，则模型残差间无显著的负相关，证明回归模型无序列相关问题。

一 中介效应检验

中介效应的检验一般采用 Baron 和 Kenny（1986）提出的三步依次检验法，这是比较传统经典的检验方法，后来受到一些学者的质疑（Hayes，2009），Preacher 等（2007）建议使用 Bootstrap 进行直接中介效应检验。温忠麟和叶宝娟（2014）分析了依次检验法与 Bootstrap 法的利弊，如果依次检验法的结果显著，这种结果可能优于 Bootstrap 法。目前仍有很多学者使用 Baron 和 Kenny（1986）的方法进行中介检验，如 Guo 等（2017）、Song 等（2017）。综合分析后，本研究利用三步依次检验法初步检验中介效应，并使用 Bootstrap 法作为补充，进一步验证中介关系。用 Bootstrap 法，检验链式中介关系。

运用三步依次检验法（Baron 和 Kenny，1986），依次检验以下三个回归方程系数的显著性。

$$Y = cX + d_1 + \varepsilon_1 \tag{5.1}$$

$$M = aX + d_2 + \varepsilon_2 \tag{5.2}$$

$$Y = c'X + bM + d_3 + \varepsilon_3 \tag{5.3}$$

首先检验方程（5.1）的回归系数 c，如果显著，进行下一步检验；检验回归方程（5.2）的回归系数 a，如果显著，再进行下一步检验；检验回归方程（5.3）的回归系数，如果 b 显著，则中介变量 M 的中介作用显著。完全中介作用与部分中介的作用，可以通过回归方程（5.3）的回归系数 c' 判断，当 c' 不显著时，M 的完全中介作用成立，当 c' 显著时，M 的部分中介作用成立。

Bootstrap 法是一种通过数据自抽样技术实现参数估计的方法（荣泰生，2010）。通过分析回归模型的效应，如果 0 不在设定置信区间的上下限内，则显著，当间接效应显著时，中介作用存在。

（一）外部市场知识获取、机会识别与创新绩效

主效应检验。通过回归分析构建两个模型（模型 3、模型 4），对外部市场知识获取及创新绩效之间关系进行检验，检验结果见表 5.5。模型 3 为基本模型，涵盖了需要控制的四个变量，回归结果表明，企业年龄对创新绩效有显著的负向作用（β = -0.163，p < 0.05）。企业规模对创新绩效有显著的正向作用（β = 0.256，p < 0.001）。模型 4 在模型 3 的基础上，引入了自变量外部市场知识获取，回归系数为 0.569 且 p < 0.001，即外部市场知识获取对企业创新绩效有显著的正向作用，假设 1 成立。

中介效应检验。利用依次法对外部市场知识获取、机会识别与创新

绩效进行回归分析检验中介效应,结果见表5.5。模型1与模型2将机会识别作为因变量进行回归分析,模型3至模型6将创新绩效作为因变量进行回归分析。模型1为基本模型,涵盖了需要控制的四个变量,回归结果表明,企业年龄对机会识别有显著的负向作用(β = -0.269,p < 0.001),企业规模对机会识别有显著的正向作用(β = 0.172,p < 0.05)。模型2加入了变量外部市场知识获取,回归系数为0.638且p < 0.001,即外部市场知识获取对机会识别有显著的正向作用,假设3成立。模型5在模型3的基础上引入了变量机会识别,回归系数为0.718,且在p < 0.001的水平上显著。模型6在模型5的基础上引入了自变量外部市场知识获取,自变量的回归系数为0.189(p < 0.001),比模型4中的系数0.569(p < 0.001)明显减小,中介变量的回归系数为0.596(p < 0.001),即自变量与中介变量的系数均显著为正,因此,机会识别在外部市场知识获取与创新绩效间的中介作用存在,假设5成立。由于模型6中自变量的回归系数依然显著,因此起部分中介作用。图5.1是根据Baron和Kenny(1986)涉及的回归方程系数,为外部市场知识获取、机会识别与创新绩效绘制的中介关系图示。

表5.5　　回归分析结果(外部市场知识获取、机会识别与创新绩效)

类型	变量	机会识别(中介变量)		创新绩效(因变量)			
		模型1	模型2	模型3	模型4	模型5	模型6
控制变量	企业年龄	-0.269***	-0.166**	-0.163*	-0.071	0.031	0.028
	行业	0.023	0.012	-0.096	-0.114*	-0.119*	-0.121**
	所有制	0.029	-0.033	0.019	-0.036	-0.002	-0.017
	企业规模	0.172*	0.057	0.256***	0.154**	0.133**	0.121*
自变量	外部市场知识获取		0.638***		0.569***		0.189**
中介变量	机会识别					0.718***	0.596***
R^2		0.091	0.474	0.076	0.380	0.547	0.566
调整R^2		0.074	0.463	0.059	0.366	0.537	0.555
ΔR^2			0.383		0.304	0.471	0.019

续表

类型	变量	机会识别（中介变量）		创新绩效（因变量）			
		模型1	模型2	模型3	模型4	模型5	模型6
F		5.524***	39.724***	4.546**	26.953***	53.137***	47.679***
DW		2.06	2.15	1.946	2.088	2.011	2.048
最大VIF		1.067	1.101	1.067	1.101	1.132	1.903
最小容差		0.937	0.908	0.937	0.908	0.884	0.526

注：*** 表示 $p<0.001$；** 表示 $p<0.01$；* 表示 $p<0.05$。

表5.5中报告了所有模型的DW值，均在1.5—2.5的标准范围内，不存在序列相关问题；各模型中变量的最小容差都大于0.5，各模型中最大VIF也小于5，因此，各回归方程中进入的变量不存在严重共线性问题，回归方程拟合较好。

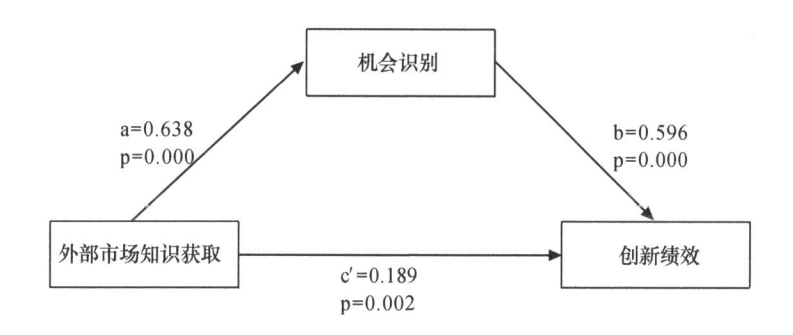

图5.1 外部市场知识获取、机会识别与创新绩效

为进一步确认机会识别的中介作用，本书对外部市场知识获取、机会识别与创新绩效进行了Bootstrap检验，检验放入了四个控制变量。检验结果见表5.6，外部知识获取通过机会识别对创新绩效的影响显著（Indirect Effect = 0.443，SE = 0.063，BootLLCI = 0.332，BootULCI = 0.588），控制机会识别的中介作用后，外部市场知识获取对创新绩效的作用依然显著（Direct Effect = 0.220，SE = 0.070，BootLLCI = 0.081，BootULCI = 0.358），机会识别在外部市场知识获取影响创新绩效的过程

中起部分中介作用，进一步验证了假设5。

表5.6　**Boostrap 分析结果（外部市场知识获取、机会识别与创新绩效）**

	Effect	SE	t	p	BootLLCI	BootULCI
直接效应	0.220	0.070	3.128	0.002	0.081	0.358
间接效应	0.443	0.063			0.332	0.588

注：置信区间为95%；抽样次数为5000次；加入控制变量；表中系数为非标准化系数。

（二）外部技术知识获取、机会识别与创新绩效

主效应检验。通过回归分析构建两个模型（模型3、模型4），检验外部技术知识获取与创新绩效之间的关系，检验结果见表5.7。模型4在模型3的基础上，引入了自变量外部技术知识获取，回归系数为0.634且 $P<0.001$，即外部技术知识获取对企业创新绩效有显著的正向作用，假设2成立。这一系数高于市场知识获取对创新绩效关系系数，技术知识获取对企业创新的影响更强。

中介效应检验。利用依次法对外部技术知识获取、机会识别与创新绩效放入回归方程检验中介效应，结果见表5.7。模型2在模型1的基础上加入了变量外部技术知识获取，回归系数为0.671且 $p<0.001$，即外部技术知识获取对机会识别有显著的正向作用，假设4成立。这一系数高于市场知识获取对机会识别关系系数，技术知识获取对机会识别的影响更强。模型5在模型3的基础上引入了自变量外部技术知识获取与中介变量机会识别，自变量的回归系数为0.281（$p<0.001$），比模型4中的系数0.634（$p<0.001$）明显减小，中介变量的回归系数为0.525（$p<0.001$），即自变量与中介变量的系数均显著为正，因此，机会识别在外部技术知识获取与创新绩效间的中介作用存在，假设6成立。由于模型5中自变量的回归系数依然显著，因此起部分中介作用。图5.2是根据Baron 和 Kenny（1986）涉及的回归方程系数，为外部技术知识获取、机会识别与创新绩效绘制的中介关系图示。

表5.7报告了所有模型的 DW 值，均在1.5—2.5的标准范围内，不

存在序列相关问题；各模型中变量的最小容差都大于0.5，各模型中最大VIF也小于5，因此，各回归方程中进入的变量不存在严重共线性问题，回归方程拟合较好。

表5.7　回归分析结果（外部技术知识获取、机会识别与创新绩效）

类型	变量	机会识别（中介变量）		创新绩效（因变量）		
		模型1	模型2	模型3	模型4	模型5
控制变量	企业年龄	−0.269***	−0.144**	−0.163*	−0.045	0.030
	行业	0.023	0.044	−0.096	−0.085	−0.108*
	所有制	0.029	0.028	0.019	0.018	0.003
	企业规模	0.172*	0.033	0.256***	0.126*	0.109*
自变量	外部技术知识获取		0.671***		0.634***	0.281***
中介变量	机会识别					0.525***
R^2		0.091	0.515	0.076	0.453	0.587
调整R^2		0.074	0.504	0.059	0.441	0.575
ΔR^2			0.424		0.377	0.134
F		5.524***	46.714***	4.546**	36.446***	51.825***
DW		2.06	2.138	1.946	2.015	2.018
最大VIF		1.067	1.112	1.067	1.112	2.062
最小容差		0.937	0.900	0.937	0.900	0.485

注：*** 表示 $p<0.001$；** 表示 $p<0.01$；* 表示 $p<0.05$。

用 Bootstrap 检验机会识别在外部技术机会与创新绩效中介作用的结果见表5.8。外部技术知识获取通过机会识别对创新绩效的影响显著（Indirect Effect = 0.356，SE = 0.070，BootLLCI = 0.222，BootULCI = 0.498），控制机会识别的中介作用后，外部技术知识获取对创新绩效的作用依然显著（Direct Effect = 0.284，SE = 0.062，BootLLCI = 0.162，BootULCI = 0.407），机会识别在外部技术知识获取影响创新绩效的过程中起部分中介作用，进一步验证了假设6。

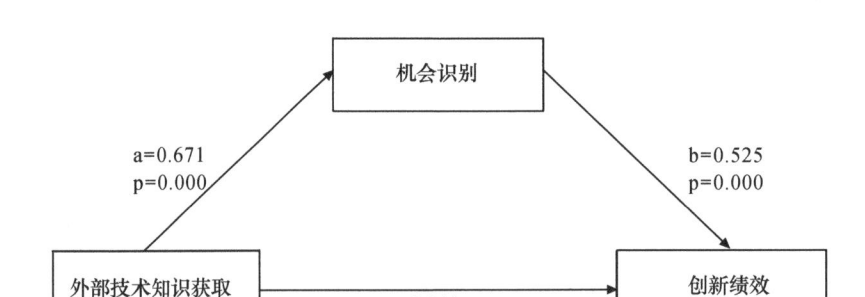

```
            机会识别
   a=0.671              b=0.525
   p=0.000              p=0.000

外部技术知识获取 ——— c'=0.281 ——→ 创新绩效
                     p=0.000
```

图 5.2　外部技术知识获取、机会识别与创新绩效

表 5.8　　　　Boostrap 分析结果（外部技术知识获取、

机会识别与创新绩效）

	Effect	SE	t	p	BootLLCI	BootULCI
直接效应	0.284	0.062	4.588	0.000	0.162	0.407
间接效应	0.356	0.070			0.222	0.498

注：置信区间为95%；抽样次数为5000次；加入控制变量；表中系数为非标准化系数。

(三) 外部市场知识获取、内部研发活动与创新绩效

利用依次法对外部市场知识获取、内部研发与创新绩效进行回归分析，检验中介效应，结果见表 5.9。模型 1 至模型 3 将内部研发活动作为因变量进行回归分析，模型 4 至模型 7 将创新绩效作为因变量进行回归分析。模型 1 为基本模型，涵盖了需要控制的四个变量，回归结果表明，企业年龄对内部研发活动有显著的负向作用（β = −0.357，p < 0.001），所有制（β = 0.147，p < 0.05）与企业规模（β = 0.230，p < 0.001）对内部研发活动有显著的正向作用。模型 2 加入了变量外部市场知识获取，回归系数为 0.462 且 p < 0.001，即外部市场知识获取对企业研发活动有显著的正向作用，假设 7 成立。模型 3 验证了机会识别对企业内部研发的促进作用，回归系数为 0.511 且在 p < 0.001 水平上显著，假设 11 得到了部分支持。模型 6 在模型 4 的基础上引入了变量内部研发活动，回归系数为 0.534，且在 p < 0.001 的水平上显著，

即研发活动正向影响企业创新绩效。模型7在模型6的基础上引入了自变量外部市场知识获取，自变量的回归系数为0.424（p<0.001），比模型4中的系数0.569（p<0.001）明显减小，中介变量的回归系数为0.313（p<0.001），即自变量与中介变量的系数均显著为正，因此，内部研发活动在外部市场知识获取与创新绩效间的中介作用存在，假设9成立。由于模型7中自变量的回归系数依然显著，因此起部分中介作用。图5.3是根据Baron和Kenny（1986）论述中介作用检验方法时涉及的回归方程系数，为外部市场知识获取、内部研发活动与创新绩效绘制的中介关系图示。

表5.9　回归分析结果（外部市场知识获取、研发活动与创新绩效）

类型	变量	研发活动（中介变量）			创新绩效（因变量）			
		模型1	模型2	模型3	模型4	模型5	模型6	模型7
控制变量	企业年龄	-0.357***	-0.283***	-0.220***	-0.163*	-0.071	0.028	0.017
	行业	-0.079	-0.093	-0.095	-0.096	-0.114*	-0.054	-0.085
	所有制	0.147*	0.102	0.132	0.019	-0.036	-0.060	-0.068
	企业规模	0.230***	0.148	0.143	0.256***	0.154**	0.133*	0.108*
自变量	外部市场知识获取		0.462***			0.569***		0.424***
	机会识别			0.511***				
中介变量	研发活动						0.534***	0.313***
R^2		0.166	0.367	0.403	0.076	0.380	0.314	0.442
调整R^2		0.151	0.353	0.389	0.059	0.366	0.298	0.427
ΔR^2			0.201	0.237		0.304	0.238	0.128
F		11.033***	25.539***	27.706***	4.546**	26.953***	20.138***	20.918***
DW		2.172	2.331	2.201	1.946	2.088	2.019	2.064
最大VIF		1.067	1.101	1.132	1.067	1.101	1.205	1.580
最小容差		0.937	0.908	0.883	0.937	0.908	0.830	0.633

注：*** 表示 p<0.001；** 表示 p<0.01；* 表示 p<0.05。

表5.9报告了所有模型的DW值,均在1.5—2.5的标准范围内,不存在序列相关问题;各模型中变量的最小容差都大于0.5,各模型中最大VIF也小于5,因此,各回归方程中进入的变量排除了严重共线性问题。

```
                      机会识别
           a=0.462              b=0.313
           p=0.000              p=0.000

    外部市场知识获取 ————————————→ 创新绩效
                    c'=0.424
                    p=0.000
```

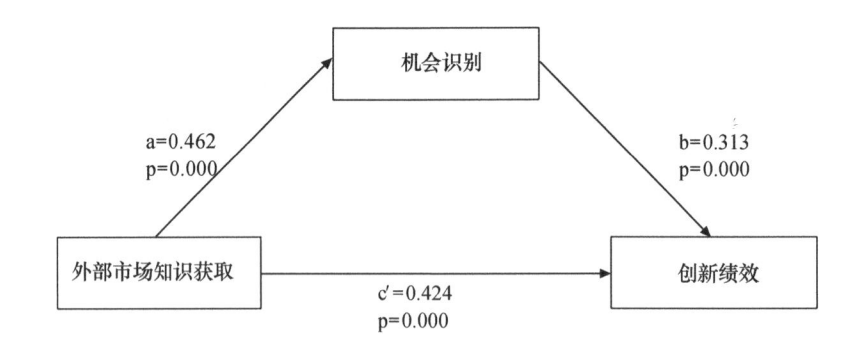

图5.3　外部市场知识获取、研发活动与创新绩效

用Bootstrap检验内部研发活动在外部市场机会与创新绩效中介作用的结果见表5.10。外部市场知识获取通过内部研发活动对创新绩效的影响显著（Indirect Effect = 0.169，SE = 0.050，BootLLCI = 0.086，BootULCI = 0.289），控制研发活动的中介作用后,外部市场知识获取对创新绩效的作用依然显著（Direct Effect = 0.494，SE = 0.070，BootLLCI = 0.356，BootULCI = 0.631），内部研发活动在外部市场知识获取影响创新绩效的过程中起部分中介作用,进一步验证了假设9。

表5.10　Boostrap分析结果（外部市场知识获取、研发活动与创新绩效）

	Effect	SE	t	p	BootLLCI	BootULCI
直接效应	0.494	0.070	7.090	0.000	0.356	0.631
间接效应	0.169	0.050			0.086	0.289

注：置信区间为95%；抽样次数为5000次；加入控制变量；表中系数为非标准化系数。

（四）外部技术知识获取、内部研发活动与创新绩效

对内部研发的中介作用检验结果见表5.11。模型2在模型1的基础上加入了变量外部技术知识获取，回归系数为 0.456 且 p<0.001，即外部技术知识获取对研发活动有显著的正向作用，假设 8 成立。模型 5 在模型 3 的基础上引入了自变量外部技术知识获取与中介变量内部研发活动，自变量的回归系数为 0.509（p<0.001），中介变量的回归系数为 0.272（p<0.001），即自变量与中介变量的系数均显著为正，因此，内部研发在外部技术知识获取与创新绩效间的中介作用存在，假设 10 成立。由于模型 5 中自变量的回归系数依然显著，因此起部分中介作用。图 5.4 是外部技术知识获取、机会识别与创新绩效的中介关系图示。

表 5.11　回归分析结果（外部技术知识获取、研发活动与创新绩效）

类型	变量	研发活动（中介变量）		创新绩效（因变量）		
		模型 1	模型 2	模型 3	模型 4	模型 5
控制变量	企业年龄	-0.357***	-0.272***	-0.163*	-0.045	0.029
	行业	-0.079	-0.071	-0.096	-0.085	-0.065
	所有制	0.147*	0.147**	0.019	0.018	-0.022
	企业规模	0.230***	0.137*	0.256***	0.126*	0.089
自变量	外部技术知识获取		0.456***		0.633***	0.509***
中介变量	研发活动					0.272***
R^2		0.166	0.362	0.076	0.453	0.500
调整 R^2		0.151	0.347	0.059	0.441	
ΔR^2			0.196		0.377	0.047
F		11.033***	24.946***	4.546**	36.446***	36.569***
DW		2.172	2.56	1.946	2.015	2.025
最大 VIF		1.067	1.112	1.067	1.112	1.567
最小容差		0.937	0.900	0.937	0.900	0.638

注：*** 表示 p<0.001；** 表示 p<0.01；* 表示 p<0.05。

表 5.11 报告了所有模型的 DW 值，均在 1.5—2.5 的标准范围内，不存在序列相关问题；各模型中变量的最小容差都大于 0.5，各模型中最大 VIF 也小于 5，因此，各回归方程中进入的变量不存在严重共线性问题。

```
                    ┌─────────┐
                    │ 研发活动 │
                    └─────────┘
              ↗                ↘
      a=0.456                    b=0.272
      p=0.000                    p=0.000
   ┌──────────────┐           ┌─────────┐
   │ 外部技术知识获取 │ ────────→ │ 创新绩效 │
   └──────────────┘  c'=0.509  └─────────┘
                     p=0.000
```

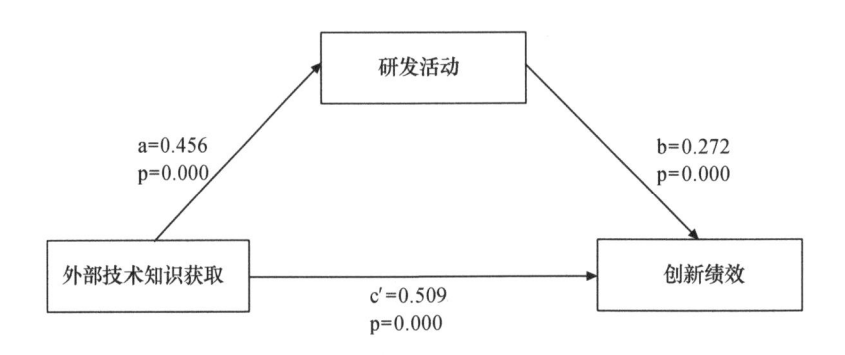

图 5.4　外部技术知识获取、研发活动与创新绩效

用 Bootstrap 检验内部研发活动在外部技术机会与创新绩效中介作用的结果见表 5.12。外部技术知识获取通过内部对创新绩效的影响显著（Indirect Effect = 0.126, SE = 0.039, BootLLCI = 0.061, BootULCI = 0.220），控制内部研发活动的中介作用后，外部技术知识获取对创新绩效的作用依然显著（Direct Effect = 0.515, SE = 0.057, BootLLCI = 0.403, BootULCI = 0.627），进一步验证了假设 10。

表 5.12　**Boostrap 分析结果（外部技术知识获取、研发活动与创新绩效）**

	Effect	SE	t	p	BootLLCI	BootULCI
直接效应	0.515	0.057	9.042	0.000	0.403	0.627
间接效应	0.126	0.039			0.061	0.220

注：置信区间为95%；抽样次数为5000次；加入控制变量；表中系数为非标准化系数。

（五）链式中介作用

Baron 和 Kenny（1986）并未给出多步中介的处理建议。Taylor 等（2008）总结并对比了多步中介的检验方法，包括逐步回归、检验系数显著性、Bootstrap 三种方法，认为 Bootstrap 法对于多步中介的处理较好。Hayes 等（2011）同样建议使用 Bootstrap 法进行多步中介检验。检验程序上，根据 Hayes 等（2011）、Hayes（2013）和陈瑞等（2013）建议的多步中介检验方法和步骤,对本研究涉及的链式中介作用进行检验。检验判断链式中介作用成立最关键的指标是,两个有顺序的中介变量的中介路径的系数大小以及是否显著(陈瑞等,2013)。

1. 外部市场知识获取、机会识别、研发活动与创新绩效

根据陈瑞等(2013)的建议,首先关注 Ind2 市场知识 > 机会识别 > 研发活动 > 创新绩效的 Bootstrap 检验结果,即包含两个有顺序的中介变量的路径检测结果,外部市场知识获取通过机会识别与内部研发活动对创新绩效的影响系数为 0.041,BootLLCI = 0.014,BootULCI = 0.086,即链式中介效果为正且显著。Ind1 市场知识 > 机会识别 > 创新绩效与 Ind3 市场知识 > 研发活动 > 创新绩效均为正且显著,即链式中介模型下三条中介路径均显著,总的间接效应为 0.485,BootLLCI = 0.372,BootULCI = 0.621。在控制三条路径后,外部市场知识获取对创新绩效的直接作用依然显著,直接效应为 0.177,BootLLCI = 0.037,BootULCI = 0.318,见表 5.13。因此,机会识别与内部研发活动在外部市场知识获取影响创新绩效的过程中起部分中介作用。

表 5.13 Boostrap 分析结果(外部市场知识获取、机会识别、研发活动与创新绩效)

	Effect	SE	t	p	BootLLCI	BootULCI
直接效应	0.177	0.071	2.493	0.013	0.037	0.318
总间接效应	0.485	0.063			0.372	0.621
Ind1 市场知识 > 机会识别 > 创新绩效	0.402	0.062			0.293	0.543
Ind2 市场知识 > 机会识别 > 研发活动 > 创新绩效	0.041	0.018			0.014	0.086
Ind3 市场知识 > 研发活动 > 创新绩效	0.042	0.023			0.010	0.100

注:置信区间为 95%;抽样次数为 5000 次;加入控制变量;表中系数为非标准化系数。

2. 外部技术知识获取、机会识别、内部研发活动与创新绩效

链式双中介路径系数和显著性是链式中介作用是否存在的最关键指

标（陈瑞等，2013），首先关注 Ind2 技术知识 > 机会识别 > 研发活动 > 创新绩效的 Bootstrap 检验结果，即包含两个有顺序的中介变量的路径检测结果，外部技术知识获取通过机会识别与内部研发活动对创新绩效的影响系数为 0.035，BootLLCI = 0.008，BootULCI = 0.801，即链式中介效果为正且显著。Ind1 技术知识 > 机会识别 > 创新绩效与 Ind3 技术知识 > 研发活动 > 创新绩效均为正且显著，即链式双中介模型下三条中介路径均显著，总的间接效应为 0.387，BootLLCI = 0.259，BootULCI = 0.542。在控制三条路径后，外部技术知识获取对创新绩效的直接作用依然显著，直接效应为 0.254，BootLLCI = 0.131，BootULCI = 0.377，见表 5.14。因此，机会识别与内部研发活动在外部技术知识获取影响创新绩效的过程中起部分中介作用。

表 5.14　Boostrap 分析结果（外部技术知识获取、机会识别、研发活动与创新绩效）

	Effect	SE	t	p	BootLLCI	BootULCI
直接效应	0.254	0.062	4.066	0.000	0.131	0.377
总间接效应	0.387	0.072			0.259	0.542
Ind1 技术知识 > 机会识别 > 创新绩效	0.321	0.069			0.198	0.467
Ind2 技术知识 > 机会识别 > 研发活动 > 创新绩效	0.035	0.018			0.008	0.801
Ind3 技术知识 > 研发活动 > 创新绩效	0.031	0.017			0.007	0.075

注：置信区间为 95%；抽样次数为 5000 次；加入控制变量；表中系数为非标准化系数。

二　调节效应检验

本研究使用回归分析的方法检调节作用。本研究的调节变量制度环境为连续型变量，为减小模型中变量间多重共线性的问题，根据 Aiken 和 West（1991）的建议，对交互项的自变量与调节变量进行中心化处理，再进行回归分析。判断标准为，交互项的系数大小与显著性。

(一) 外部市场知识获取与机会识别、外部技术知识获取与机会识别：制度环境的调节

首先，检验制度环境在外部市场知识获取与机会识别正向关系中的调节作用，检验结果见表 5.15。以机会识别为因变量，加入四个控制变量形成基础模型 1。再加入自变量外部市场知识获取与调节变量制度环境得到模型 2。最后在模型 2 的基础上加入中心化后交互项外部市场知识获取×制度环境，得到模型 3。尽管模型 3 的 R^2 比模型 2 微微增加，但由于交互项系数并未显著（$\beta = -0.056$，$p > 0.05$），因此，制度环境在外部市场知识获取与机会识别的正向关系中并未起调节作用，因此假设 13 并未得到支持。

其次，验证制度环境在外部技术知识获取与机会识别正向关系中的调节作用。通过模型 1、模型 4 和模型 5 可以看出，外部技术知识获取与制度环境的交互项系数不显著（$\beta = 0.029$，$p > 0.05$），因此假设 14 不成立。

表 5.15 调节作用检验（外部市场知识获取与机会识别、外部技术知识获取与机会识别）

		机会识别				
		模型 1	模型 2	模型 3	模型 4	模型 5
控制变量	企业年龄	-0.269***	-0.199*	-0.269***	-0.164**	-0.167**
	行业	0.023	-0.005	0.032	0.035	0.036
	所有制	0.029	-0.050	0.029	0.019	0.022
	企业规模	0.172*	0.085	0.170*	0.050	0.053
自变量	市场知识		0.632***	0.629***		
	技术知识				0.659***	0.660***
调节变量	制度环境		0.160**	0.155**	0.089	0.099
乘积项	市场×制度			-0.056		
	技术×制度					0.029
R^2		0.091	0.498	0.501	0.522	0.523
调整 R^2		0.074	0.484	0.485	0.509	0.507
ΔR^2			0.024	0.003	0.007	0.001

续表

	机会识别				
	模型1	模型2	模型3	模型4	模型5
F	5.524***	36.218***	31.286***	39.878***	14.816***
DW	2.06	2.112	2.091	2.073	2.119
最大VIF	1.067	1.135	1.135	1.156	1.24
最小容差	0.937	0.881	0.881	0.865	0.807

注：*** 表示 $p<0.001$；** 表示 $p<0.01$；* 表示 $p<0.05$。

(二) 外部市场知识获取与内部研发活动、外部技术知识获取与内部研发活动：制度环境的调节

验证制度环境在外部市场知识获取与企业研发活动间的调节作用，分析结果见表5.16。模型1以内部研发活动为因变量，加入四个自变量。模型2在模型1的基础上加入了自变量外部市场知识获取与调节变量制度环境。模型3在模型2的基础上加入了经过中心化处理的交互项外部市场知识获取×制度环境。模型2再次验证了外部市场知识获取对内部研发的正向作用（$\beta = 0.461$，$p<0.001$）。模型3中最关键的交互项回归系数为0.156，且在 $p<0.01$ 上显著，同时模型3较模型1、模型2的 R^2 持续增加（$\Delta R^2 = 0.279$，$\Delta R^2 = 0.023$），这表明随着外部市场知识获取与制度环境的加入，以及交互项的进入，模型的解释力在增加，模型3是一个优化模型。制度环境在外部市场知识获取与企业研发活动间的调节作用得到验证，假设15得到支持。

模型1、模型4和模型5验证了制度环境在外部技术知识获取与企业研发活动间的调节作用。模型5调整后 R^2 值为0.386，这表明研发活动的36.6%的变动可以由引入模型的变量解释。且模型5较模型1、模型4的 R^2 在持续增加，模型的解释力在增强。同时，验证调节作用的关键回归系数，技术知识获取与制度环境的交叉项系数为正且显著（$\beta = 0.168$，$p<0.01$），因此制度环境的调节作用得到验证，假设16得到支持。

表5.16 调节作用检验（外部市场知识获取与研发活动、外部技术知识获取与研发活动）

		研发活动				
		模型1	模型2	模型3	模型4	模型5
控制变量	企业年龄	-0.269***	-0.293***	-0.298***	-0.273***	-0.291***
	行业	0.023	-0.099	-0.084	-0.071	-0.064
	所有制	0.029	0.097	0.109	0.146**	0.162**
	企业规模	0.172*	0.157**	0.155**	0.137*	0.151**
自变量	市场知识		0.461***	0.470***		
	技术知识				0.456***	0.462***
调节变量	制度环境		0.052	0.066	0.004	0.062
乘积项	市场×制度			0.156**		
	技术×制度					0.168**
R^2		0.091	0.37	0.393	0.362	0.386
调整R^2		0.074	0.353	0.374	0.271	0.366
ΔR^2			0.279	0.023	0.344	0.024
F		5.524***	21.417***	20.183***	20.695***	19.579***
DW		2.06	2.173	2.219	2.278	2.292
最大VIF		1.067	1.135	1.135	1.156	1.24
最小容差		0.937	0.881	0.881	0.865	0.807

注：*** 表示 $p<0.001$；** 表示 $p<0.01$；* 表示 $p<0.05$。

同时五个模型的膨胀因子 VIF 和最小容差均在可以接受的范围内，进入模型变量间不存在严重的共线性问题。DW 值接近2，排除序列相关问题。

针对具有调节作用的制度环境变量，图5.5、图5.6绘制了高低不同制度环境下的趋势图，方便直观看出调节作用对外部市场知识获取、外部技术知识获取与企业研发活动的影响。从图中可以看出，制度环境质量越高，外部市场知识获取、外部技术知识获取对企业研发活动的影响越大，斜率越大。处于高质量制度环境中的企业，知识获取更能促进企业研发活动。

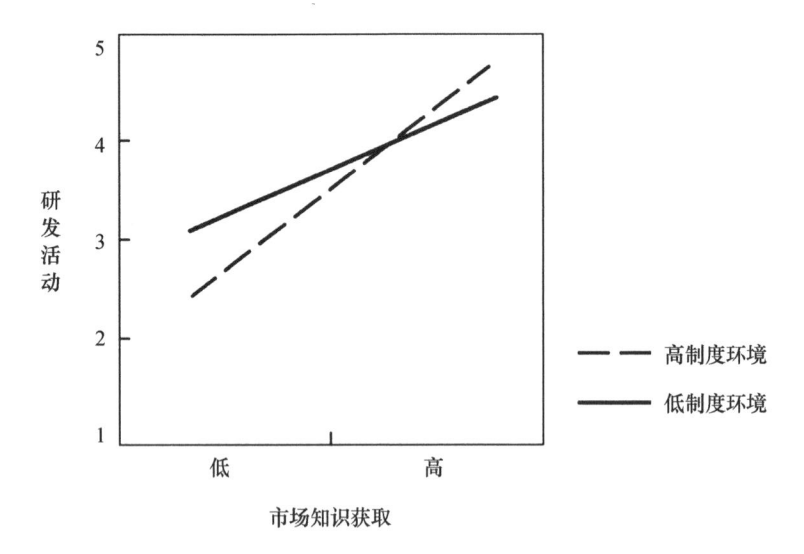

图 5.5　制度环境对外部市场知识获取与研发活动之间关系的调节作用

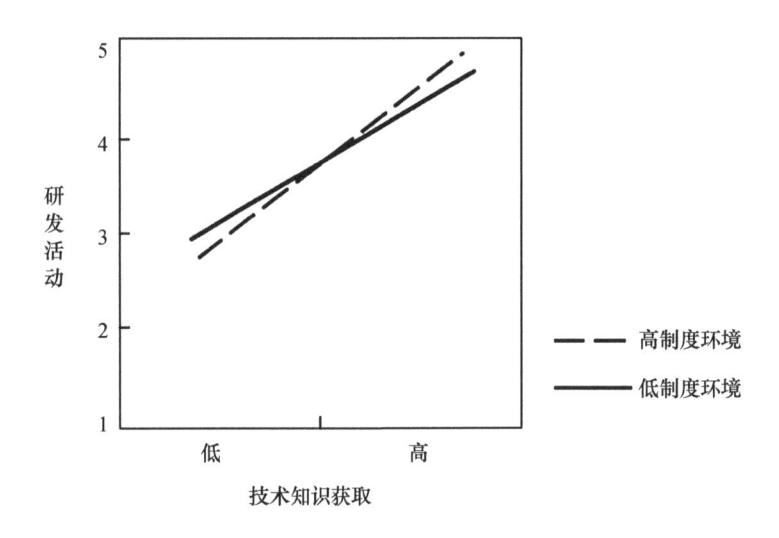

图 5.6　制度环境对外部技术知识获取与研发活动之间关系的调节作用

(三) 机会识别与内部研发活动：制度环境的调节

制度环境对机会识别与企业研发活动关系的调节作用检验结果见表5.17。模型1依然是控制变量对研发活动影响的基础模型，随后分别加入机会识别、制度环境以及经过中心化处理的二者交互项，形成了模型2与模型3。从模型3中可以看出，机会识别与制度环境交互项系数为0.167，且在p<0.01水平上显著。同时与前两个模型相比，R²值在增加，从0.091增加到0.404再增加到0.429，模型解释力增强。结果表明制度环境正向调节了机会识别与内部研发活动之间的关系，假设17成立。各模型的膨胀因子VIF和最小容差均在可以接受的范围内，进入模型变量间不存在严重的共线性问题。DW值接近2，排除序列相关问题。

表5.17　　　　　　调节作用检验（机会识别与研发活动）

		研发活动		
		模型1	模型2	模型3
控制变量	企业年龄	-0.269***	-0.213***	-0.226***
	行业	0.023	-0.092	-0.085
	所有制	0.029	0.135*	0.153**
	企业规模	0.172*	0.138*	0.149**
自变量	机会识别		0.515***	0.523***
调节变量	制度环境		-0.026	0.017
乘积项	机会×制度			0.167**
R^2		0.091	0.404	0.429
调整 R^2		0.074	0.387	0.411
ΔR^2			0.313	0.025
F		5.524***	24.704***	23.390***
DW		2.06	2.117	2.093
最大VIF		1.067	1.202	1.208
最小容差		0.937	0.832	0.828

注：*** 表示 p<0.001；** 表示 p<0.01；* 表示 p<0.05。

图 5.7 显示了制度环境对机会识别与研发活动的调节作用。在高质量的制度环境下，机会识别对研发活动的影响更大。

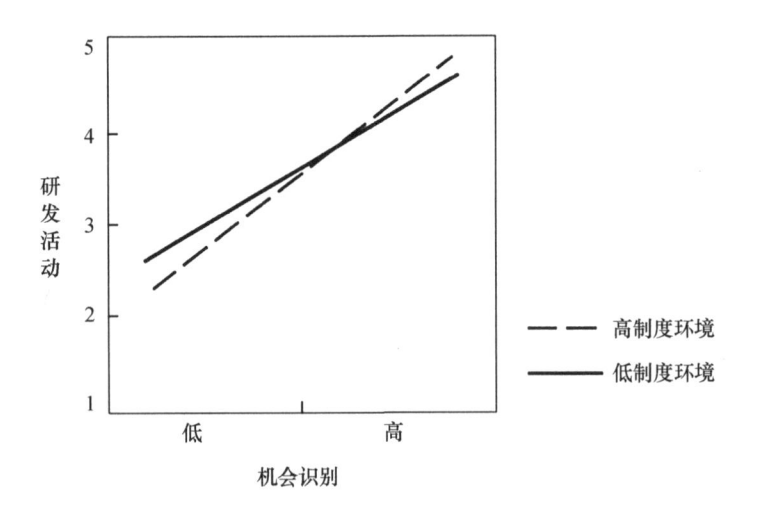

图 5.7　制度环境对机会识别与研发活动之间关系的调节作用

第四节　假设检验结果

本章通过问卷调查收集的数据验证了本研究提出的假设。本研究提出的 17 个假设中，15 个假设得到支持，2 个假设没有通过检验。具体结果见表 5.18。

表 5.18　　　　　　　　假设检验结果

假设	检验结果
H1　企业外部市场知识获取能够提高企业创新绩效	支持
H2　企业外部技术知识获取能够提高企业创新绩效	支持
H3　外部市场知识获取有利于提高企业机会识别水平	支持
H4　外部技术知识获取有利于提高企业机会识别水平	支持
H5　机会识别正向影响企业创新绩效，机会识别在外部市场知识获取与企业创新绩效的正向关系中起中介作用	支持

续表

假设	检验结果
H6　机会识别在外部技术知识获取与企业创新绩效的正向关系中起中介作用	支持
H7　外部市场知识获取正向影响企业内部研发活动	支持
H8　外部技术知识获取正向影响企业内部研发活动	支持
H9　内部研发活动正向影响企业创新绩效，内部研发活动在外部市场知识获取与企业创新绩效的正向关系中起中介作用	支持
H10　内部研发活动在外部技术知识获取与企业创新绩效的正向关系中起中介作用	支持
H11　机会识别正向影响企业内部研发活动，机会识别与内部研发活动顺次在市场知识获取与企业创新绩效的正向关系中起链式中介的作用	支持
H12　机会识别与内部研发活动顺次在技术知识获取与企业创新绩效的正向关系中起链式中介的作用	支持
H13　地区制度越完善，外部市场知识获取对机会识别影响越强	不支持
H14　地区制度越完善，外部技术知识获取对机会识别影响越强	不支持
H15　地区制度越完善，外部市场知识获取对内部研发活动影响越强	支持
H16　地区制度越完善，外部技术知识获取对内部研发活动影响越强	支持
H17　地区制度越完善，机会识别对内部研发活动影响越强	支持

第六章

研究结论及讨论

本研究根据资源基础观、知识基础观与动态能力理论，分析了外部知识获取对机会识别与企业内部研发活动的影响，将机会识别与企业内部研发活动作为两个顺次中介变量引入外部知识获取与创新绩效的关系中，检验了链式中介作用的存在，解释了外部知识获取对创新绩效的影响机制。同时根据制度基础观的相关理论，结合中国制度情境，将区域市场化指数作为企业所嵌入制度环境的变量引入模型，从理论上解读中国企业在不同制度环境水平下外部知识获取对机会识别、企业研发活动的影响机理。从理论的阐述到构念的文献梳理，根据现有量表编制出一套适合调研中国知识密集型企业运营情况的测量问卷，并对全国范围内的制造业和软件通信两大行业的部分企业进行问卷发放，对收集的 226 份有效问卷进行了实证分析，17 个假设中，15 个得到了支持，基本验证了本研究所提理论模型的合理性。本章将以实证研究结果为基础，更深入地总结、讨论和分析研究结论，汇总研究贡献，阐述本研究存在的局限和未来的研究方向。

第一节 假设检验结果的讨论

一 外部知识获取对创新绩效的作用

假设 H1、假设 H2 分别分析了外部市场知识获取、外部技术知识获取对企业创新绩效的正向作用。实际上，外部知识获取对企业创新绩效的促进作用已得到了学术界的广泛认可（Chesbrough，2003），但很多实证研究扎根于西方经济发达国家，对外部知识获取的维度划分相对单一，实证结果存在正向促进（Zhou 和 Li，2012；Roper 等，2017）和倒"U"形（Laursen 和 Salter，2006；Berchicci，2013）非统一的结论。本研究将外部知识获取分为市场知识获取和技术知识获取两个维度，在转型深化期的中国情境下，以知识密集型企业为样本，同时也为了保持研究的完整性，再次论述并实证检验外部知识获取对创新绩效的关系。

资源基础观强调了资源对企业竞争优势的重要作用，知识基础观进一步强调，知识作为一种特殊的资源，在企业经营发展中的关键作用。那么培育、发展和获取知识资源，对企业发展未来产业，优化与创新产品或服务至关重要。而开放式创新模式为企业创新提供了新的思路，也是全球化背景下，风险投资活跃与人才流动性加强促成的企业创新方式的重要选择（Chesbrough，2003）。

假设 H1 认为，外部市场知识获取有利于企业创新绩效，表 5.5 的模型 3 与模型 4 的数据支持了这一结论。外部市场知识的流入，使企业更加全面地掌握当下市场动态，并且对未来市场的预估，因为这些外部市场信息的涌入，让企业更加全面深刻地理解市场行情。而企业创新的最终目的是针对目标市场形成新的或改良的产品或服务，是面向市场需求的。因此，外部市场知识的获取，为企业提供创新思路，了解市场竞争动态和需求趋势，有利于企业创新。相反，当企业缺乏新鲜的市场知识时，难以把控未来市场方向，"闭门造车"地发展即便能够"创新"，也很难迎合市场需求，难以产生创新绩效。

假设 H2 认为，外部技术知识获取有利于企业创新绩效，表 5.7 的模型 3 与模型 4 的数据支持了这一结论。企业创新过程中，需要技术知识支持。由于企业资源的有限性，很少有企业能够拥有创新所需的全部技术资源。外部技术知识获取，可以为企业快速提供创新过程中的技术支持，技术的融汇激发企业创新思维（耿紫珍等，2012），多技术结合增加因果模糊性，提升企业竞争优势（Reed 和 Defillipi，1990）。因此，外部技术知识的获取能够有效促进企业的创新绩效。

同时，本研究的实证数据并未发现倒"U"形关系。可能的原因一方面是由于中国部分企业的外部知识获取不足（Liying 等，2014）；另一方面是企业对待外部知识获取的理性态度，有针对性地合理地布置了企业外部知识获取战略。

二 机会识别的中介作用

外部知识获取对创新绩效的正向作用得到了广泛的证实和认可，但外部知识在企业内部究竟发生了怎样的变化，通过怎样的机制促进企业创新绩效，并未得到充分的讨论。资源基础观虽然指出资源是企业竞争优势的重要来源，但企业获取的外部资源并不是资源基础观里所述的完全具备了稀缺性，难以模仿和难以替代的特征。只有通过企业对获取知识的再加工，更新或重构企业知识基础，才能使外部获取的知识得到真正利用。而机会识别恰恰联结了外部知识获取与企业创新，外部知识获取通过影响机会识别来促进企业创新绩效。

假设 H3 认为，外部市场知识获取有利于机会识别，表 5.5 的模型 1 与模型 2 的数据支持了这一结论。市场知识的增加有利于提高企业发现机会的能力（Wiklund 和 Shepherd，2003）。从机会的发现视角来说，外部市场知识获取让企业加深对市场供求变化的情况了解，有利于发现那些已存在但并未被发现的需求。从机会的创造视角来说，外部市场知识有利于激发参与企业运营的创业者们的创造性思维，挖掘潜在的未来需求，对未来可能性有更精准的认知。因此，外部市场知识获取有利于提高企业机会识别水平。

假设 H4 认为，外部技术知识获取有利于机会识别，表 5.7 的模型 1 与模型 2 的数据支持了这一结论。新的技术知识有利于提高企业发现机会的能力（Wiklund 和 Shepherd，2003）。新的技术知识为企业提供新的客户与市场（Autio 等，2000；Zahra 等，2000）。外部技术知识的引入能够快速填补原有技术空白，优化企业技术，完成技术多元化。企业通过外部技术知识，能够发现因技术变革带来的市场不均衡。企业技术的优化和多元化，使企业家通过对技术的认知而产生更多大胆的思路，有利于以技术为依托创造新的商业机会。因此，外部技术知识获取有利于提高企业机会识别水平。

机会识别对创新绩效的正向影响在表 5.5 中的模型 3 与模型 5 上得到

了支持。当企业感知到机会的存在后，会有开展新业务的倾向（Karimi 等，2016）。企业开拓市场，研发新品，都需要对机会有最根本的认知，可以说机会识别是产品更新优化和开发的前提条件。机会不仅关乎企业的竞争优势和利润（Chandler 和 Hanks，1994；Gielnik 等，2012），还影响着企业的生存和成功（Ireland 等，2003）。高水平的机会识别对企业创新有利。

假设 H5 与假设 H6 阐述了机会识别在外部知识获取与创新绩效的中介作用，分为市场知识与技术知识两个维度，表 5.5 中的模型 3、模型 4、模型 6 和表 5.7 中的模型 3、模型 4、模型 5 分别支持了这两个假设。机会识别作为一种微观的动态能力，在企业获取外部知识后，为企业如何重新配置资源、更新和重构知识基础形成了一种目标性导向，是外来的非异质性资源得以转化为异质性资源的重要前提。从机会的发现视角来看，企业通过外部知识获取了解行业技术情况及当下市场的同类需求，发现产品升级或新产品开发的方向。企业还可以通过外部知识获取发现未开发的市场机会，对那些可能有未来需求但并未存在的产品进行研发，而成就企业的突破式创新。市场知识多通过市场供求与未来市场发展趋势的层面影响企业的机会识别，促进企业创新；外部技术知识多通过增加产品功能等，提高产品中技术实现的可能性，来影响企业的机会识别，从而提升企业创新绩效。

三 企业内部研发活动的中介作用

如前所述，动态能力视角下，企业获取的外部知识需要通过更新或重构的知识基础来达到影响企业创新的目的。企业的研发活动作为一种动态能力的微观基础，能够将外来知识与企业原有知识更好地配置、融合，达到更新或重构企业内部知识基础的目的。外部知识获取通过影响研发活动来促进企业创新。

假设 H7 认为，外部市场知识获取有利于企业内部研发活动，表 5.9 的模型 1 与模型 2 的数据支持了这一结论。在后发企业追赶国际先进企业的案例中，通过对国际市场的关注而获取先进的市场知识，更有利于企业判断国内市场的发展趋势，明确研发方向，制定新产品开发方案。企业为保持自己的领先地位,更需要通过对市场信息的捕获,制定产品的发展方向。企业在市场需求的导向下更合理地安排产品开发进程和研发活动,为基础型研发和应用型研发提供方向指导,同时企业的内部研发活动为市场需求进行试验、开发和产品产出。因此,外部市场知识获取正向影响企业的内部研发活动。

假设 H8 认为,外部技术知识获取有利于企业内部研发活动,表 5.11 的模型 1 与模型 2 的数据支持了这一结论。在技术知识获取上,使得后发企业具备了丰富的技术技能,在逐渐积累和培育的过程中实现了自主研发能力的提升。对行业领先企业来说,外部技术知识获取为缩短产品研发周期,快速获取并掌握先进技术提供便利。技术知识引进后企业会逐步掌握获取的知识并学以致用改进本地技术,也就是说,企业的外部技术知识获取有利于企业研发活动。

企业研发活动对企业创新的促进作用已得到广泛的认可(Hu 等,2005;王红霞和高山行,2009;Liying 等,2016),表 5.9 中的模型 4 与模型 6 再次印证了这一观点。

假设 H9 与假设 H10 阐述了企业内部研发活动在外部知识获取与创新绩效的中介作用,分为市场知识与技术知识两个维度,表 5.9 中的模型 4、模型 5、模型 7 和表 5.11 中的模型 3、模型 4、模型 5 分别支持了这两个假设。外部知识的流入,对企业某些知识的空白能起到填补作用,大大提高企业的研发效率(Allen,1986)。获得资源是企业获取竞争优势的前提,但这些资源需要被有效地利用,才能真正产生竞争优势(Sirmon 和 Hitt,2003)。企业获取的外部知识可以通过内部研发这一渠道,把知识内化、整合、产生新知识,应用到能为企业创造利润的产品和服务中。企业通过外部市场知识获取,把握市场需求和未来发展趋势,通过相匹配的研发活动来开发或更新符合市场要求的产品或服务,提高企业创新绩效。企业获取外部技术知识后,企业研发活动对技术知识的利用和融合,使企业知识基础得到更新或重构,从而有利于企业的创新产出。

四 机会识别、内部研发活动的链式中介作用

企业获取的外部知识不完全具备资源基础观所说的异质性资源的特

征，不完全具备稀缺性、难以模仿和难以替代的特征。从动态能力视角来看，这样的外部知识流入，需要通过企业的动态能力更新或重构企业知识基础，使外部流入的知识资源与企业内部原有知识融合而产生具有异质性特征的资源，从而有利于企业竞争优势的产生。机会识别（Teece 和 Pisano，1994；Teece，2007；焦豪等，2008；罗珉和刘永俊，2009）与研发活动（Chang 和 Rhee，2011；Sher 和 Yang，2005；Karna 等，2016；Helfat，1997；Liying 等，2016）作为动态能力的微观基础，在外部知识获取与企业创新绩效的正向关系中起中介作用。

假设 H11 的后半部分提出，机会识别对企业内部研发活动的正向作用，表 5.9 的模型 1 和模型 3 的数据支持了这一观点。首先机会能够刺激企业进入某个行业、领域或某个产品的生产设计（Geroski，1991），而这些都需要借助研发活动来实现。机会识别能够影响行为主体的目标选择、努力和坚持，具有一定的激励效应，因此对机会的关注会形塑行为主体的目标导向行为（Gielnik 等，2012），这有利于提升企业研发的成功率和企业研发能力。因此机会识别为研发活动提供明确的指向，有利于提高企业研发质量和研发效率，避免盲目的科研投资。对新想法的实践是复杂的，可能需要经历多次失败才能成功，开发过程的结果是不可预期的，这种不确定性增加了失败的风险（Martin 和 Wilson，2016）。而研发活动就是这样一种包含风险因子的行为，机会识别实际上在研发开始的前期对风险有一定的评估，对实践的可行性和风险控制有深刻认识的基础上的一种对未来可能性的认知，因此在一定程度上控制了研发活动的风险。另外，从机会识别活动的阶段性来说，一般机会识别后都伴随着机会开发，而研发活动是一种典型的机会开发行为。因此，机会识别水平正向影响企业内部的研发活动。

假设 H11 与假设 H12 阐述了机会识别与内部研发活动在外部知识获取与创新绩效的有序中介作用，分为市场知识与技术知识两个维度，表 5.13 和表 5.14 的数据分别支持了这两个假设。企业获取外部知识后，机会识别与研发活动构成了一套完整的知识内化、融合的机制，通过机会识别对未来有潜力的营利活动有一定认知，企业根据这种认知影响了研发活动，研发活动可以视为一种机会开发过程，最终形成企业的创新产出。机会识别与企业内部研发活动深刻影响了企业内部资源的配置,使外部知识内化,通过更新或重构的知识基础形成了企业独有的异质性资源,从而提高了企业的创新绩效。很多学者都赞同机会识别要确保优秀的绩效表现,企业需要通过一些活动来将识别的机会转化为绩效(Foss等,2013;Dencker和Gruber,2015)。机会需要通过企业的进一步形塑和开发,产生创新绩效。外部市场知识获取使企业通过对市场需求及趋势的判断,识别未来商业的可能性,刺激企业研发活动对机会进行开发,实现创新;外部技术知识获取使企业捕捉更多的技术可能性,影响企业机会识别水平,刺激企业通过研发活动对这种被认为有潜力的机会进行开发和应用,提高企业创新绩效。

五 制度环境的调节作用

企业的经营嵌入一个特定的制度环境中,企业行为受到制度约束,进而制度可以影响企业行为和战略决策;同时,正式制度和非正式制度间存在替代关系,正式制度失效或缺失时,非正式制度可能起到更大的作用(Peng等,2009)。高质量的制度环境下,正式制度对企业的影响更大;低质量的制度环境下,由于正式制度的缺失或失效,非正式制度对企业的影响更大。

(一)外部知识获取对机会识别的影响:制度环境的调节作用

假设 H13 与假设 H14 分别阐述了制度环境在外部市场知识获取与外部技术知识获取影响机会识别过程中的正向调节作用,表 5.15 的数据对这一观点进行了实证检验,分析结果并未支持这两个假设。在理论阐述中,本研究认为制度环境会对企业人员的认知产生影响,而低质量的制度环境使企业人员产生认知惰性。已有研究也认为低质量的制度环境会对企业管理者在觉察、评估和行动方面造成一定的障碍(林亚清和赵曙明,2013),不利于发觉潜在商业机会。实证数据并未支持本研究假设的观点,原因可能如下:机会识别停留在计划与认知层面,并未真正涉及机会的实施与开发,在互联网高度发达信息高速流动的情况下,由于制度环境的不同对企业人员认知的影响实际在降低。或者说,在同一个国家内部,不同地区的制度差异,在信息高度流动的情况下,不足以对企业人员的认知产生严重影响。如果制度差异加剧（如发展中国家与发达国家），或者信息屏障存在，那么制度环境在知识获取与机会识别间的调节作用可能存在。因此，在未涉及企业创新实践阶段，制度环境在认知层面的影响并不显著。

（二）外部知识获取对企业内部研发活动的影响：制度环境的调节作用

假设 H15 与假设 H16 分别阐述了制度环境在外部市场知识获取与外部技术知识获取影响研发活动过程中的正向调节作用，表 5.16 的数据支持了这两个假设。高质量的制度环境使企业资源向生产性活动配置，企业在实施创新活动前，预计制度环境带来的阻碍较少，甚至制度环境鼓励、支持企业的创新行为，因此有利于研发活动的开展，企业乐于且便于将资源配置给研发活动。高水平制度环境会提高企业的生产性资源价值，使企业获取的外部市场知识与技术知识对研发活动的影响更强。相反，在低质量的制度环境下，企业偏向于将资源配置给非生产性活动，同时低质量的制度环境会降低企业生产性资源的价值，这都不利于企业开展研发活动。

（三）机会识别对企业内部研发活动的影响：制度环境的调节作用

假设 H17 认为制度环境在机会识别影响研发活动过程中的正向调节作用，表 5.17 的数据支持了这个假设。高质量的制度环境为企业提供了良好的制度保障，如良好的知识产权保护、良好的市场运行，较低的交易成本，这些保障了企业研发投资的经济回报，因此，在可以预知回报概率较高的情况下，使得企业更倾向于做出进行机会开发的决策。同时高质量的制度环境对非生产性活动的抑制和对生产性活动的激励，使企业在识别机会后，更乐于进行研发投资。相反，在低质量的制度环境下，企业即便识别到好的商业机会，由于不完善的市场制度和法律体系，较高的交易成本，使企业畏惧开发机会所面临的困难并对开发机会所获的收益失去信心，使得企业倾向于做出暂缓甚至放弃机会开发的决策。同时，低质量的制度环境更易滋生企业家的寻租活动，从而抑制生产性活动，即便识别到好的机会，企业也不乐于采取进一步的研发活动。

第二节 研究意义与启示

根据上文对企业外部知识获取影响创新绩效机理的阐述，以及通过实证得到的结论，本研究的理论意义和实践意义主要体现在以下几个方面。

一 理论意义与启示

第一，通过对外部知识获取影响企业创新绩效的理论分析，在理论框架中引入了机会识别、企业内部研发活动这两个有序的链式中介变量，建立了外部知识获取影响创新绩效的新路径。

根据本研究的理论阐述，探索机会识别与研发活动的中介作用是解决目前关于外部知识获取影响企业创新机理的有效方法。以往的研究更加关注外部知识作为资源引入企业对创新的直接促进作用（Chesbrough，2003；Ahuja 和 Katila，2001），包括以社会资本与网络理论为基础的创新研究，都将知识获取视为引起企业创新绩效的直接前因变量（Zeng 等，2010），缺乏对外部知识影响机制的探讨。

企业创新过程中，外部知识获取增加了企业对商业机会的感知和识别水平，促使企业进行目标导向更强的创新活动，提高了企业的创新产出。同时，引入的市场知识与技术知识配置到企业研发活动中，正向影响了企业创新活动。另外，机会识别促进企业开展研发活动，至此，以机会识别与研发活动为有序链式中介的模型解释了外部知识获取与企业创新绩效之间的关系。实证研究发现了机会识别、企业内部研发活动分别部分中介了外部知识获取与企业创新绩效之间的关系，机会识别与内部研发活动构成的有序链式中介的部分中介作用也得到了实证数据的支持，从而打开了联系外部知识获取和企业创新的"黑盒"。这一结论丰富了企业创新理论，深化了外部知识获取的理解，为研究外部知识获取与企业创新之间的关系提供了新的思路。同时，发现了外部市场知识获取、外部技术知识获取是机会识别的重要前因变量，外部市场知识获取、外部技术知识获取和机会识别是研发活动的关键前因变量，丰富了企业创新理论。

第二，丰富了动态能力视角下，企业外部知识转化的内在机理。

以往研究企业获取外部知识而提高创新产出的研究中，更注重二者间的直接作用（Chesbrough，2003；Ahuja 和 Katila，2001；Zhou 和 Li，2012），研究者将知识获取的企业视为黑匣子并使用静态的资源基础观视角，将绩效视为获取外部资源后的直接产出。但外部获取的知识实际并不完全具备资源基础观对异质性资源的描述——价值性、稀缺性、难以模仿和不易替代。少有研究将资源基础观与动态能力理论相结合来探讨并不完全具备异质性特征的资源如何通过动态能力转化为具有异质性特征的资源集，这个过程是如何发生发展的，哪些具体的企业能力在其中起到了重要的作用（Liying 等，2016）。Liying 等（2016）的研究从资源基础观与动态能力相结合的视角（Eisenhardt 和 Martin，2000）构造了外部技术资源、动态能力与更新或重构的内部资源的中介模型。本研究在 Liying 等（2016）研究的基础上，对这一视角的研究进行了丰富和拓展。机会识别与企业研发活动构成的链式中介，作为动态能力的微观基础，在企业获取外部知识后，通过整合外部资源与内部资源，形成了更新或重构的资源基础，使得原本不完全具备异质性特征的资源成为 VRIN 资源，进而影响了企业的创新绩效。

第三，通过分析制度环境（区域市场化指数）的调节作用，扩展了对企业外部知识获取作用的认识。

开放式创新的研究来源于西方发达国家（Chesbrough，2003；Ahuja 和 Katila，2001），而中国经济处于转型期，尽管外部知识获取在中国情境下对创新的促进作用得到了认可（耿紫珍等，2012）。实际上，国内的经济转型期特点决定了市场尚不成熟，各地区间的制度发展亦不均衡，制度的二元激励作用存在，因此在制度有差异的环境下，外部获取知识在影响企业创新过程呈现的不同并未得到深入讨论。本研究验证了制度环境在外部知识获取与企业研发活动、机会识别与研发活动间的正向调节作用，但并不会调节外部知识获取与机会识别间的关系。研究整合了开放式创新理论和制度理论，探讨了制度完善程度在企业利用外部知识过程中的影响，丰富了从制度视角对开放式创新理论的研究。

二 实践意义与启示

本研究对企业创新实践有一定的指导意义，并为政府职能部门优化企业创新环境提供思路，具体如下。

第一，注重跨企业边界的知识获取战略。Chesbrough（2003）在论述开放式创新模式的时候已经指出，企业原来受用的封闭式创新模式，受到了风险资本活跃以及技术工人流动的挑战，开放式创新成为企业获利的重要选择。企业的内部知识的发展路径，在面临技术飞快更新、市场需求迅速变化的外部环境时，很难有充分的时间提供企业内部知识的自我发展，长周期的技术研发与创新活动难以紧跟市场潮流。而通过对外部成熟技术的直接引进、与内部知识匹配、应用，除了在时间上为企业的创新活动带来优势，合理的外部技术资源配置，还可以节约大量的人力和物力。多渠道地获取消费者需求信息、经销商反馈意见、供应商提供的上游生产要素市场情况以及竞争对手动态，掌握最前沿的市场变化与趋势，为企业产品或服务的发展方向提供精准的思路。企业管理人员在管理实践中，注重保持对外部知识的开放心态，保持与能够为企业发展提供知识资源的外部组织的紧密联系，拓宽知识获取渠道，提高外部知识获取效率和质量。

第二，研究解读了外部知识获取对企业创新的影响机制，为企业高效地配置外部知识提高创新绩效提供了参考依据。机会识别与内部研发活动在外部知识获取与企业创新绩效的中介作用表明，外部知识获取后的内部发展是企业取得创新绩效的关键。企业管理人员对外部市场知识与技术知识的理解程度决定了对未来商业可能性的发现，管理者可以适当组织市场部门与技术部门的相关工作人员，定期学习、讨论企业获取的外部知识，力求最大限度地挖掘知识中可能隐藏的商业机会，通过头脑风暴等活动开拓思路，创造性地制造机会。在机会的开发问题上，合理配置资源，在企业研发过程中逐步培育企业自身的研发能力，使企业对机会的转化能力和盈利能力得到根本性提升。也就是说，企业要注重外部知识的获取，虽然外部知识对企业机会识别水平与研发活动有一定的促进作用，但企业管理者适当地重视并采取措施加强外部知识的解读，主观刻意地重视机会识别与研发活动，从而加强外部知识对企业创新的促进作用。

需要注意的是，虽然本研究未发现外部知识获取对创新绩效的倒"U"形关系，也并不意味着企业可以采取高强度的外部知识获取战略。由本研究的主要观点可知，机会识别与研发活动在外部知识获取后起到了关键的中介作用，虽然企业的能力是可以提升并处于变化中，但在短时间内，企业的能力是有天花板的。也就是说，在短时间内，如果企业外部知识的获取强度过大，而企业的机会识别水平或研发活动已经到达了该阶段企业实际能力的峰值，无法迅速增加，那么此时额外的外部知识获取是无法继续提高企业创新产出的。因此，在平衡外部知识获取战略时，企业必须结合自身实际情况，评估创新产出，合理调适外部获取强度。在改革开放初期，我国汽车行业的一些企业曾经历了"技术引进—技术落后—技术再引进"的曲折发展过程，造成这一现象的原因正是当时我国车企没有足够的能力来驾驭所获取的技术知识，企业内部的研发活动达到当时能力限制的峰值，无法继续增加。随着时间的推移，企业技术不断积累，研发能力的提升使得企业原来内部研发强度的峰值被打破，额外增加的外部知识又可以引起研发活动的增强，因此这种引进—落后—再引进的现象得到改善。这种现象实际是 Escribano 等（2009）、Zhou 和 Li（2012）的研究中所提到的调节变量，吸收能力和企业知识基础的作用，虽然不是本研究讨论的范围，但为从理论和实践上认识机会识别与研发活动的中介作用（而不是调节作用），提供了深层次的理解。

第三，研究探讨了制度环境对外部知识发展路径的影响，为政府职能部门营造良好创新氛围提供了理论依据。区域性的制度差异，虽然并未影响外部知识对机会识别的作用，但在机会的开发阶段——内部研发活动有深刻影响。高质量的制度环境，为企业对机会的市场化行为有足够的信心，使企业减少因交易成本、产权保护等忧虑而放弃机会开发的情况，增加生产性知识资源的价值，使企业家精神更多地配置到生产性活动中。因此，政府的职能部门可以从培育高效率的市场体系，完善法律体系的同时提高相关部门的执行能力，强化廉政建设等多方面入手，为企业创新活动营造良好制度氛围。

第三节 研究局限

本研究结合了资源基础观与动态能力视角分析了外部知识获取对创新绩效的作用机制，拓展了开放式创新的相关理论，但仍存在需要指出的局限性。

第一，对外部知识的划分，简单地从知识类型划分为市场与技术两个维度，两类知识分别的作用机制略有差异，但在实证中各路径并未体现出特别大的差异，本研究未单纯地从系数大小而判定影响强弱，也没有进行更深一步的分析来比较异同。另外，外部知识获取的划分，实际还可以从互补性知识获取、全新知识获取等维度，因此，本研究在对外部知识这一变量的维度选取相对单一。

第二，研究样本缺乏时间维度，属于静态的截面数据，尽管对研发活动参考前人研究，从增量上测量，但就整体数据而言，无法通过滞后期数来进行更加精准的实证研究。对于本研究来说，外部知识获取对创新绩效的影响应该具有时滞性。由于本研究题项基本采用了主观式回答，因此对时间概念的分辨略显薄弱，尽管在题项中加入了近三年平均、近一年平均这样的提示，但并未从根本上解决截面数据的静态性问题。本研究在实施过程中，没有条件进行更为规范的间隔性问卷访问。

第三，研究样本的行业选择了制造业和软件信息业两个行业，在一定程度上具备了知识密集型的特点，但行业缺乏多样性，制约了本研究结论的普适性。除此之外，由于研究团队的资源有限，样本的抽样过程非随机抽样。以上问题的存在，都降低了样本的代表性。

第四，研究集中阐述了企业外部知识获取的积极作用，但外部知识获取是一把"双刃剑"，需要合理使用。例如 Roper 等（2017）通过互动性知识与非互动性知识的划分，探讨了正负外部性的问题；Laursen 和 Salter（2006）探讨了过度知识获取的负面影响。本研究的理论研究和实证研究阶段，均未综合地考量外部知识获取可能存在的负面作用。仅在实践意义与启示中，对企业的开放式创新实践给出了提醒。

第五，本研究讨论外部知识获取，尽管综合了资源基础观与动态能力理论，本质上是从资源与能力的视角来研究外部知识获取的作用，缺乏从交易成本理论的视角对企业外部知识获取战略的探讨。

第四节 研究展望

资源基础观与动态能力的结合视角为本研究深入研究企业开放式创新过程提供了一个非常切合的理论基础。根据上节指出的研究不足，未来研究可以在丰富样本量、对企业进行跟踪随访等方面进行改进，研究在选题方面还有待进一步深入。

第一，丰富外部知识获取的影响机制研究。针对外部知识如何影响企业创新的问题，本研究引入了机会识别与内部研发活动的链式中介变量。从实证研究结果可以看出，引入的中介变量起部分中介作用，意味着可能有其他未被发现的中介作用存在。现有研究对外部知识对创新影响机理的研究仍然十分有限，未来可以从动态能力视角甚至其他的理论基础出发，更深入地解释二者间的关系。另外，本研究引入了制度环境这一调节变量，并且样本限定在中国大陆企业，实质上的文化背景差异、制度距离是较小的，未来的研究可以在发达国家和转型国家进行制度对比研究，更深刻地解释制度对外部知识获取作用发挥的影响。除此之外，未来研究可以尝试引入更多的调节变量，更清晰准确地分析外部知识获取对创新影响的边界条件。

第二，对于知识获取各维度间关系的进一步分析。本研究按知识的内容类型分为市场知识与技术知识，但对于二者间的关系并未进行深入解析。除此之外，市场知识与技术知识间获取强度的平衡问题，二者对创新绩效的影响是互补关系还是替代关系，本研究并未做深入讨论。对这些问题的探讨，不仅能丰富开放式创新理论，更能在实践中指导企业的外部知识获取战略。

第三，细分企业在行业中所处地位，解读行业后发企业与优势企业的开放式创新过程是否存在显著差异。本研究在理论构建中，虽然提及了后发企业与优势企业在外部知识获取影响创新绩效过程中分别具有的合理性，仅在逻辑推演方面提出其所需知识可能存在差异，根本目的在于说明本研究假设的合理性，浅尝辄止。实际上，未来研究可以从企业在行业中所处位势，来探索其开放式创新战略的不同，即在情境变量方面，更透彻地解读外部知识获取战略。更宏观地，从全球范围来看，中国企业与西方发达国家企业，在企业自主研发能力、技术水平以及产权保护等方面都有很大差别，那么在外部知识获取影响创新绩效机制上是否有显著差异，这是未来研究需要关注的重要问题。

第四，外部知识获取的成本问题。随着知识产权保护程度的不断完善，企业如何更加合理地实施外部知识获取战略，外部知识获取对创新绩效的影响程度及作用机制是否会发生显著的变化，不但是企业实践中需要警惕和关注的问题，也是未来研究需要探讨和明确的议题。

参考文献

樊纲、王小鲁、朱恒鹏：《中国市场化指数——各地区市场化相对进程 2006 年报告》，经济科学出版社 2007 年版。

樊纲、王小鲁、朱恒鹏：《中国市场化指数——各地区市场化相对进程 2009 年报告》，经济科学出版社 2010 年版。

韩珂：《知识管理的核心理论体系及方法探究》，中国水利水电出版社 2015 年版。

马庆国：《管理统计：数据获取、统计原理 SPSS 工具与应用研究》，科学出版社 2002 年版。

荣泰生：《AMOS 与研究方法》第 2 版，重庆大学出版社 2010 年版。

温忠麟、刘红云、侯杰泰：《调节效应和中介效应分析》，教育科学出版社 2012 年版。

陈冬华、胡晓莉、梁上坤、新夫：《宗教传统与公司治理》，《经济研究》2013 年第 9 期。

陈劲、陈钰芬：《开放创新体系与企业技术创新资源配置》，《科研管理》2006 年第 3 期。

陈劲、邱嘉铭、沈海华：《技术学习对企业创新绩效的影响因素分析》，《科学学研究》2007 年第 6 期。

陈瑞、郑毓煌、刘文静：《中介效应分析：原理、程序、Bootstrap 方法及其应用》，《营销科学学报》2013 年第 4 辑。

陈钰芬、陈劲：《开放度对企业技术创新绩效的影响》，《科学学研究》2008 年第 2 期。

陈钰芬、陈劲：《开放式创新促进创新绩效的机理研究》，《科研管理》2009 年第 4 期。

陈钰芬：《探求与企业特质相匹配的开放式创新模式》，《科研管理》2013 年第 9 期。

陈震红、董俊武：《创业机会的识别过程研究》，《科技管理研究》2005 年第 2 期。

董保宝、葛宝山、王侃：《资源整合过程、动态能力与竞争优势：机理与路径》，《管理世界》2011 年第 3 期。

杜慕群：《资源、能力、外部环境、战略与竞争优势的整合研究》，《管理世界》2003 年第 10 期。

范钧、郭立强、聂津君：《网络能力、组织隐性知识获取与突破性创新绩效》，《科研管理》2014 年第 1 期。

范钧、王进伟：《网络能力、隐性知识获取与新创企业成长绩效》，《科学学研究》2011 年第 9 期。

冯飞：《企业技术创新活动中影响 R&D 行为的几个基本因素》，《中国软科学》1995 年第 10 期。

冯天丽、井润田：《制度环境与私营企业家政治联系意愿的实证研究》，《管理世界》2009 年第 8 期。

冯文娜：《高新技术企业研发投入与创新产出的关系研究——基于山东省高新技术企业的实证》，《经济问题》2010 年第 9 期。

耿紫珍、刘新梅、杨晨辉：《战略导向、外部知识获取对组织创造力的影响》，《南开管理评论》2012 年第 4 期。

何天翔：《开放式创新与 3D 打印知识产权问题》，《中国政法大学学报》2018 年第 3 期。

贺俊、吕铁、黄阳华、江鸿：《技术赶超的激励结构与能力积累：中国高铁经验及其政策启示》，《管理世界》2018 年第 10 期。

贺小刚、李新春、方海鹰：《动态能力的测量与功效：基于中国经验的实证研究》，《管理世界》2006 年第 3 期。

胡珺、宋献中、王红建：《非正式制度、家乡认同与企业环境治理》，《管理世界》2017 年第 3 期。

黄江明、赵宁：《资源与决策逻辑：北汽集团汽车技术追赶的路径演化研究》，《管理世界》2014年第9期。

黄江明：《中国企业产品创新管理模式研究（一）——以海尔型号经理为例》，《管理世界》2007年第10期。

江诗松、龚丽敏、魏江：《转型经济背景下后发企业的能力追赶：一个共演模型——以吉利集团为例》，《管理世界》2011年第4期。

蒋春燕、赵曙明：《公司企业家精神制度环境的地区差异——15个国家高新技术产业开发区企业的实证研究》，《经济科学》2010年第6期。

焦豪、魏江、崔瑜：《企业动态能力构建路径分析：基于创业导向和组织学习的视角》，《管理世界》2008年第4期。

解维敏、唐清泉：《企业研发投入与实际绩效：破题A股上市公司》，《改革》2011年第3期。

解学梅：《中小企业协同创新网络与创新绩效的实证研究》，《管理科学学报》2010年第8期。

解学梅、左蕾蕾：《企业协同创新网络特征与创新绩效：基于知识吸收能力的中介效应研究》，《南开管理评论》2013年第3期。

李璨：《企业动态能力的跨层整合框架》，《华东经济管理》2018年第9期。

李丹蒙、夏立军：《股权性质、制度环境与上市公司R&D强度》，《财经研究》2008年第4期。

李纲、刘益：《知识共享、知识获取与产品创新的关系模型》，《科学学与科学技术管理》2007年第7期。

李乾瑞、郭俊芳、朱东华：《新兴技术创新机会识别方法研究》，《中国软科学》2018年第11期。

李倩、邹国庆：《企业家活动影响制度变迁的机制研究》，《云南社会科学》2018年第1期。

李新春、肖宵：《制度逃离还是创新驱动？——制度约束与民营企业的对外直接投资》，《管理世界》2017年第10期。

李雪灵、张惺、刘钊、陈丹：《制度环境与寻租活动：源于世界银行数据的实证研究》，《中国工业经济》2012年第11期。

李忆、司有和:《探索式创新、利用式创新与绩效:战略和环境的影响》,《南开管理评论》2008 年第 5 期。

李志刚、汤书昆、梁晓艳、赵林捷:《产业集群网络结构与企业创新绩效关系研究》,《科学学研究》2007 年第 4 期。

林亚清、赵曙明:《构建高层管理团队社会网络的人力资源实践、战略柔性与企业绩效——环境不确定性的调节作用》,《南开管理评论》2013 年第 2 期。

林嵩、姜彦福、张帏:《创业机会识别:概念、过程、影响因素和分析架构》,《科学学与科学技术管理》2005 年第 6 期。

刘常勇:《后进地区科技产业发展策略探讨——以台湾半导体产业与光碟机产业为研究对象》,《南开管理评论》1998 年第 6 期。

刘国新、李勃:《论企业规模与 R&D 投入相关性》,《管理科学学报》2001 年第 4 期。

刘洪伟、冯淳:《基于知识基础观的技术并购模式与创新绩效关系实证研究》,《科技进步与对策》2015 年第 16 期。

刘立:《企业 R&D 投入的影响因素:基于资源观的理论分析》,《中国科技论坛》2003 年第 6 期。

刘晓敏:《隐性知识获取、机会能力与创业绩效》,《科技管理研究》2017 年第 20 期。

陆瑶、胡江燕:《CEO 与董事间的"老乡"关系对我国上市公司风险水平的影响》,《管理世界》2014 年第 3 期。

陆园园、谭劲松、薛红志:《"引进—模仿—改进—创新"模型与韩国企业技术学习的演进过程》,《南开管理评论》2006 年第 5 期。

罗珉、刘永俊:《企业动态能力的理论架构与构成要素》,《中国工业经济》2009 年第 1 期。

马光荣、樊纲、杨恩艳、潘彬:《中国的企业经营环境:差异、变迁与影响》,《管理世界》2015 年第 12 期。

钱锡红、杨永福、徐万里:《企业网络位置、吸收能力与创新绩效——一个交互效应模型》,《管理世界》2010 年第 5 期。

任胜钢、舒睿:《创业者网络能力与创业机会:网络位置和网络跨度的作用机制》,《南开管理评论》2014年第1期。

斯晓夫、王颂、傅颖:《创业机会从何而来:发现,构建还是发现＋构建?——创业机会的理论前沿研究》,《管理世界》2016年第3期。

汪建成、毛蕴诗、邱楠:《由OEM到ODM再到OBM的自主创新与国际化路径——格兰仕技术能力构建与企业升级案例研究》,《管理世界》2008年第6期。

王丰、宣国良、范徵:《资源基础观点及其在企业理论中的应用》,《经济理论与经济管理》2002年第4期。

王红霞、高山行:《基于资源利用的企业R&D投入与创新产出关系的实证研究》,《科学学研究》2009年第S2期。

王任飞:《企业R&D支出的内部影响因素研究——基于中国电子信息百强企业之实证》,《科学学研究》2005年第2期。

王永伟、马洁、吴湘繁、刘胜春:《新技术导入、组织惯例更新、企业竞争力研究——基于诺基亚、苹果案例对比研究》,《科学学与科学技术管理》2012年第11期。

王玉春、郭媛嫣:《上市公司R&D投入与产出效果的实证分析》,《产业经济研究》2008年第6期。

王峥、龚轶:《创新共同体:概念、框架与模式》,《科学学研究》2018年第1期。

温忠麟、叶宝娟:《中介效应分析:方法和模型发展》,《心理科学进展》2014年第5期。

吴延兵:《自主研发、技术引进与生产率——基于中国地区工业的实证研究》,《经济研究》2008年第8期。

谢佩洪、王志成、朱海华:《基于制度视角的企业非市场战略与市场战略的整合研究》,《南开管理评论》2008年第2期。

于成学:《我国企业研发投入与产出增长关系的实证研究》,《科技管理研究》2009年第10期。

于晓宇、陶向明、李雅洁:《见微知著?失败学习、机会识别与新产品开发绩效》,《管理工程学报》2019年第1期。

曾德明、曾雅兰、邹思明:《知识获取策略对企业绩效的影响——知识基础的调节作用》，《科学学与科学技术管理》2015年第9期。

张方华：《网络嵌入影响企业创新绩效的概念模型与实证分析》，《中国工业经济》2010年第4期。

张方华：《知识型企业的社会资本与知识获取关系研究——基于BP神经网络模型的实证分析》，《科学学研究》2006年第1期。

张浩、孙新波、张雨、张媛：《揭开创业机会识别的"红盖头"——基于反事实思维与机会识别的实证研究》，《科学学研究》2018年第2期。

张红、葛宝山：《创业机会识别研究现状述评及整合模型构建》，《外国经济与管理》2014年第4期。

张洁：《企业研发投入、资源特征与创新绩效关系研究——组织"行为—特征"匹配视角》，《科技进步与对策》2018年第2期。

张婧、段艳玲：《市场导向均衡对制造型企业产品创新绩效影响的实证研究》，《管理世界》2010年第12期。

张茉楠、李汉铃：《基于资源禀赋的企业家机会识别之框架分析》，《管理世界》2005年第7期。

张旭梅、陈伟：《供应链企业间基于信任的知识获取和合作绩效实证研究》，《科技管理研究》2009年第2期。

张玉利、杨俊、任兵：《社会资本、先前经验与创业机会——一个交互效应模型及其启示》，《管理世界》2008年第7期。

赵洁、张宸璐：《外部知识获取、内部知识分享与突变创新——双元性创新战略的调节作用》，《科技进步与对策》2014年第5期。

赵增耀、王喜：《产业竞争力、企业技术能力与外资的溢出效应——基于我国汽车产业吸收能力的实证分析》，《管理世界》2007年第12期。

周浩、龙立荣：《共同方法偏差的统计检验与控制方法》，《心理科学进展》2004年第6期。

周玉泉、李垣：《组织学习、能力与创新方式选择关系研究》，《科学学研究》2005年第4期。

朱朝晖：《探索性学习、挖掘性学习和创新绩效》，《科学学研究》2008年第4期。

朱桂龙、李汝航：《企业外部知识获取路径与企业技术创新绩效关系实证研究》，《科技进步与对策》2008年第5期。

祝琳琳、李贺、洪闯、翟倩：《开放式创新模式下知识共享研究综述》，《现代情报》2018年第1期。

邹国庆：《论知识管理与构造企业竞争优势》，《经济纵横》2003年第4期。

邹国庆、王京伦：《转型经济体的制度情境及企业战略选择》，《社会科学战线》2015年第10期。

马玉成：《高新企业社会网络对商业模式创新的影响：机会识别的中介作用》，博士学位论文，上海交通大学，2015年。

《罗永浩谈国内黑科技，除了华为，在座的都只是方案整合商》，https://baijiahao.baidu.com/s?id=1603261259997715176&wfr=spider&for=pc。

Acs Z. J., Audretsch D. B., *Innovation and Small Firms*, Cambrigde: Mit Press, 1990.

Adner R., Helfat C. E., "Corporate Effects and Dynamic Managerial Capabilities", *Strategic Management Journal*, Vol. 24, No. 10, 2003.

Aghion P., Howitt P., *Endogenous Growth Theory*, Cambridge: The MIT Press, 1999.

Ahuja G., Katila R., "Technological Acquisitions and the Innovation Performance of Acquiring firms: A Longitudinal Study", *Strategic Management Journal*, Vol. 22, No. 3, 2001.

Ahuja G., Lampert C. M., "Entrepreneurship in the Large Corporation: A Longitudinal Study of How Established Firms Create Breakthrough Inventions", *Strategic Management Journal*, Vol. 22, No. 6 – 7, 2010.

Ahuja G., "Collaboration Networks, Structural Holes, and Innovation: A Longitudinal Study", *Administrative Science Quarterly*, Vol. 45, No. 3, 2000.

Aiken L., West S., *Multiple Regression: Testing and Interpreting Interactions*, Sage Publications, 1991.

Allen T. J., "Organizational Structure, Information Technology, and R&D Productivity", *IEEE Transactions on Engineering Management*, No. 4, 1986.

Almeida P., Dokko G., Rosenkopf L., "Startup Size and the Mechanisms of

External Learning: Increasing Opportunity and Decreasing Ability?", *Research Policy*, Vol. 32, No. 2, 2003.

Alvarez S. A., Barney J. B., Anderson P., "Forming and Exploiting Opportunities: The Implications of Discovery and Creation Processes for Entrepreneurial and Organizational Research", *Organization Science*, Vol. 24, No. 1, 2013.

Andersen T. J., Foss N. J., "Strategic Opportunity and Economic Performance in Multinational Enterprises: The Role and Effects of Information and Communication Technology", *Journal of International Management*, Vol. 11, No. 2, 2005.

Andrews K., *The Concept of Corporate Strategy*, Dow Jones-Irwin, 1971.

Ansoff H. I., *Corporate Strategy: An Analytic Approach to Business Policy for Growth and Expansion*, McGraw-Hill Companies, 1965.

Ardichvili A., Cardozo R., Ray S., "A theory of Entrepreneurial Opportunity Identification and Development", *Journal of Business Venturing*, Vol. 18, No. 1, 2003.

Argote L., Ingram P., "Knowledge Transfer: A Basis for Competitive Advantage in Firms", *Organizational Behavior and Human Decision Processes*, Vol. 82, No. 1, 2000.

Argyres N., "Evidence on the Role of Firm Capabilities in Vertical Integration Decisions", *Strategic Management Journal*, Vol. 17, No. 2, 1996.

Aterido R., Hallward-Driemeier M., Carmen P., "Investment Climate and Employment Growth: The Impact of Access to Finance, Corruption and Regulations Across Firms", *Ssrn Electronic Journal*, Vol. 58, No. 2, 2007.

Audretsch D. B., Keilbach M., "The Theory of Knowledge Spillover Entrepreneurship", *Journal of Management Studies*, Vol. 44, No. 7, 2007.

Autio E., Sapienza H. J., Almeida J. G., "Effects of Age at Entry, Knowledge Intensity, and Imitability on International Growth", *Academy of Management Journal*, Vol. 43, No. 5, 2000.

Baptista R., Swann P., "Do Firms in Clusters Innovate more?", *Research

Policy, Vol. 27, No. 5, 1998.

Baker W. E., Sinkula J. M., "Market Orientation, Learning Orientation and Product Innovation: Delving into the Organization's Black Box", *Journal of Market-Focused Management*, Vol. 5, No. 1, 2002.

Barney J., Wright M., Ketchen D. J., "The Resource-Based View of the Firm: Ten Years after 1991", *Journal of Management*, Vol. 27, No. 6, 2001.

Barney J. B., Arikan A. M., *The Resource-based View: Origins and Implications*, *The Blackwell Handbook of Strategic Management*, Blackwell Publishers, 2005.

Barney J., "Firm Resources and Sustained Competitive Advantage", *Journal of Management*, Vol. 17, No. 1, 1991.

Baron R. A., "Opportunity Recognition as Pattern Recognition: How Entrepreneurs 'Connect the Dots' to Identify New Business Opportunities", *Academy of Management Perspectives*, Vol. 20, No. 1, 2006.

Baron R. A., "Opportunity Recognition: Insights from a Cognitive Perspective", *Academy of Management Proceedings*, Vol. 2004, No. 1, 2004.

Baron R. M., Kenny D. A., "The Moderator-Mediator Variable Distinction in Social Psychological Research: Conceptual, Strategic, and Statistical Considerations", *Journal of Personality and Social Psychology*, Vol. 51, No. 6, 1986.

Baughman W. A., Mumford M. D., "Process-Analytical Models of Creative Capacities: Operations Influencing the Combination and Reorganization Processes", *Creativity Research Journal*, No. 8, 1995.

Baumol W. J., "Entrepreneurship: Productive, Unproductive, and Destructive", *Journal of Business Venturing*, Vol. 11, No. 1, 1996.

Beers C. V., Panne G. V. D., "Geography, Knowledge Spillovers and Small firms' Exports: an Empirical Examination for The Netherlands", *Small Business Economics*, Vol. 37, No. 3, 2011.

Bell G. G., "Clusters, Networks, and Firm Innovativeness", *Strategic Management Journal*, Vol. 26, No. 3, 2005.

Benner M. J., Tushman M. L., "Exploitation, Exploration, and Process

Management: The Productivity Dilemma Revisited", *Academy of Management Review*, Vol. 28, No. 2, 2003.

Berchicci L. , "Towards an Open R&D System: Internal R&D Investment, External Knowledge Acquisition and Innovative Performance", *Research Policy*, Vol. 42, No. 1, 2013.

Bhave M. P. , "A Process Model of Entrepreneurial Venture Creation", *Journal of Business Venturing*, Vol. 9, No. 3, 1994.

Bierly P. , Chakrabarti A. , "Generic Knowledge Strategies in the U. S. Pharmaceutical Industry", *Strategic Management Journal*, Vol. 17, No. S2, 1996.

Birley S. , "The Role of Networks in the Entrepreneurial Process", *Journal of Business Venturing*, Vol. 1, No. 1, 1985.

Blomstermo A. , Eriksson K. , Sharma D. D. , "Domestic Activity and Knowledge Development in the Internationalization Process of Firms", *Journal of International Entrepreneurship*, Vol. 2, No. 3, 2004.

Boiral O. , "Tacit Knowledge and Environmental Management", *Long Range Planning*, Vol. 35, No. 3, 2002.

Bönte W. , "R&D and Productivity: Internal vs. External R&D-Evidence from West German Manufacturing Industries", *Economics of Innovation and New Technology*, Vol. 12, No. 4, 2003.

Bowman C. , Ambrosini V. , "How the Resource-Based and the Dynamic Capability Views of the Firm Inform Corporate-Level Strategy", *British Journal of Management*, Vol. 14, No. 4, 2003.

Braga H. , Willmore L. , "Technological Imports and Technological Effort: An Analysis of their Determinants in Brazilian Firms", *Journal of Industrial Economics*, Vol. 39, No. 4, 1991.

Brislin R. W. , *Translation and Content Analysis of Oral and Written Materials*, in Triandis, H. C. and Berry, J. W. , (eds.), Handbook of Cross-Cultural Psychology: Methodology, Allyn and Bacon, 1980.

Brush T. H. , Artz K. W. , "Toward a Contingent Resource-Based Theory: the Impact of Information Asymmetry on the Value of Capabilities in Veterinary

Medicine", *Strategic Management Journal*, Vol. 20, No. 3, 1999.

Bruton G. D., Lau C. M., "Asian Management Research: Status Today and Future Outlook", *Journal of Management Studies*, Vol. 45, No. 3, 2008.

Busenitz L. W., Gomez C., Spencer J W., "Country Institutional Profiles: Unlocking Entrepreneurial Phenomena", *Academy of Management Journal*, Vol. 43, No. 5, 2000.

Busenitz L. W., "Research on Entrepreneurial Alertness", *Journal of Small Business Management*, Vol. 34, No. 4, 1996.

Calantone R. J., Stanko M. A., "Drivers of Outsourced Innovation: An Exploratory Study", *Journal of Product Innovation Management*, Vol. 24, No. 3, 2007.

Caloghirou Y., Kastelli I., Tsakanikas A., "Internal Capabilities and External Knowledge Sources: Complements or Substitutes for Innovative Performance?", *Technovation*, Vol. 24, No. 1, 2004.

Cassiman B., Veugelers R., "In Search of Complementarity in Innovation Strategy: Internal R&D and External Knowledge Acquisition", *Management science*, Vol. 52, No. 1, 2006.

Cassiman B., Veugelers R., "R&D Cooperation and Spillovers: Some Empirical Evidence from Belgium", *American Economic Review*, Vol. 92, No. 4, 2002.

Caves R. E, Porter M. E, Spence A. M, et al., *Competition in the Open Economy: A Model Applied to Canada*, Harvard University Press, 1980.

Caves R. E., Porter M. E., "From Entry Barriers to Mobility Barriers: Conjectural Decisions and Contrived Deterrence to New Competition", *The Quarterly Journal of Economics*, Vol. 91, No. 2, 1977.

Caves R. E., "Industrial Organization, Corporate Strategy and Structure", *Journal of Economic Literature*, Vol. 18, No. 1, 1980.

Chan L. K. C., Lakonishok J., Sougiannis T., "The Stock Market Valuation of Research and Development Expenditures", *The Journal of Finance*, Vol. 56, No. 6, 2001.

Chandler G. N., Hanks S. H., "Founder Competence, the Environment, and Venture Performance", *Entrepreneurship Theory and Practice*, Vol. 18,

No. 3, 1994.

Chang S. J., Rhee J. H., "Rapid FDI Expansion and Firm Performance", *Journal of International Business Studies*, Vol. 42, No. 8, 2011.

Chen J., Chen Y., Vanhaverbeke W., "The Influence of Scope, Depth, and Orientation of External Technology Sources on the Innovative Performance of Chinese Firms", *Technovation*, Vol. 31, No. 8, 2011.

Chen Y., Vanhaverbeke W., Du J., "The Interaction Between Internal R&D and Different Types of External Knowledge Sourcing: An Empirical Study of Chinese Innovative Firms", *R&D Management*, Vol. 46, No. S3, 2016.

Chesbrough H. W., "The Era of Open Innovation", *MIT Sloan Management Review*, Vol. 44, No. 3, 2003.

Chesbrough H. W., Crowther A. K., "Beyond High Tech: Early Adopters of Open Innovation in Other Industries", *R & D Management*, Vol. 36, No. 3, 2010.

Chetty S., Campbell-Hunt C., "Explosive International Growth and Problems of Success Amongst Small to Medium-sized Firms", *International Small Business Journal*, Vol. 21, No. 1, 2003.

Churchill G., "A Paradigm for Developing Better Measures of Marketing Constructs", *Journal of Marketing Research*, Vol. 16, No. 1, 1979.

Claessens S., Laeven L., "Financial Development, Property Rights, and Growth", *The Journal of Finance*, Vol. 58, No. 6, 2003.

Clausen T. H., Korneliussen T., "Madsen E L. Modes of Innovation, Resources and their Influence on Product Innovation: Empirical Evidence from R&D Active Firms in Norway", *Technovation*, Vol. 33, No. 6 – 7, 2013.

Cohen W. M., Levinthal D. A., "Absorptive Capacity: A New Perspective on Learning and Innovation", *Administrative Science Quarterly*, 1990.

Cohen W. M., Levinthal D. A., "Innovation and Learning: the Two Faces of R & D", *The Economic Journal*, Vol. 99, No. 397, 1989.

Cooke P., Morgan K., *The Creative Milieu: A Regional Perspective on Innovation*, in Dodgson M. and Rothwell R. (eds.), the Handbook of Industrial Innovation, Edward Elgar, 1998.

Costinot A., "On the Origins of Comparative Advantage", *Journal of International Economics*, Vol. 77, No. 2, 2009.

Cull R., Xu L. C., "Institutions, Ownership, and Finance: the Determinants of Profit Reinvestment among Chinese Firms", *Journal of Financial Economics*, Vol. 77, No. 1, 2005.

DeVellis R., *Scale Development (4th ed.)*, Los Angeles, CA: Sage, 2017.

Daft R., *Organization Theory and Design*, Cengage Learning, 2006.

Dahlman C. J., Ross-Larson B., Westphal L. E., "Managing Technological Development: Lessons from the Newly Industrializing Countries", *World Development*, Vol. 15, No. 6, 1987.

Das T. K., Teng B. S., "A Resource-Based Theory of Strategic Alliances", *Journal of Management*, Vol. 26, No. 1, 2000.

DeCarolis D. M., Deeds D. L., "The Impact of Stocks and Flows of Organizational Knowledge on firm Performance: An Empirical Investigation of the Biotechnology Industry", *Strategic Management Journal*, Vol. 20, No. 10, 1999.

Dencker J. C., Gruber M., "The Effects of Opportunities and Founder Experience on New Firm Performance", *Strategic Management Journal*, Vol. 36, No. 7, 2015.

Dess G. G., Beard D. W., "Dimensions of Organizational Task Environments", *Administrative Science Quarterly*, Vol. 29, No. 1, 1984.

Detienne D. R., Chandler G. N., "Opportunity Identification and Its Role in the Entrepreneurial Classroom: A Pedagogical Approach and Empirical Test", *Academy of Management Learning & Education*, Vol. 3, No. 3, 2004.

Dierickx I., Cool K., "Asset Stock Accumulation and Sustainability of Competitive Advantage", *Management Science*, Vol. 35, No. 12, 1989.

DiMaggio P., Powell W. W., "The Iron Cage Revisited: Collective Rationality and Institutional Isomorphism in Organizational Fields", *American Sociological Review*, Vol. 48, No. 2, 1983.

Dimov D., "Beyond the Single-Person, Single-Insight Attribution in Understanding Entrepreneurial Opportunities", *Entrepreneurship Theory and Practice*, Vol. 31, No. 5, 2007.

Dixon N. M., *Common Knowledge: How Companies Thrive by Sharing what they Know*, Harvard Business School Press, 2000.

Doloreux D., "Regional Networks of Small and Medium Sized Enterprises: Evidence from the Metropolitan Area of Ottawa in Canada", *European Planning Studies*, Vol. 12, No. 2, 2004.

Eckhardt J. T., Shane S. A., "Opportunities and Entrepreneurship", *Journal of Management*, Vol. 29, No. 3, 2003.

Eesley C., Li J. B., Yang D., "Does Institutional Change in Universities Influence High-tech Entrepreneurship? Evidence from China's Project 985", *Organization Science*, Vol. 27, No. 2, 2016.

Eisenhardt K. M., Martin J. A., "Dynamic Capabilities: What are they?", *Strategic Management Journal*, Vol. 21, No. 10 – 11, 2000.

Escribano A., Fosfuri A., Tribó J. A., "Managing External Knowledge Flows: The Moderating Role of Absorptive Capacity", *Research Policy*, Vol. 38, No. 1, 2009.

Estrada I., Faems D., Faria P. D., "Coopetition and Product Innovation Performance: The Role of Internal Knowledge Sharing Mechanisms and Formal Knowledge Protection Mechanisms", *Industrial Marketing Management*, Vol. 53, 2016.

Fabrizio K. R., "University Patenting and the Pace of Industrial Innovation", *Industrial and Corporate Change*, Vol. 16, No. 4, 2007.

Fahy J., Hooley G., Greenley G., et al., "What is a Marketing Resource? A Response to Gibbert, Golfetto and Zerbini", *Journal of Business Research*, Vol. 59, No. 1, 2006.

Felin T., Hesterly W. S., "The Knowledge-Based View, Nested Heterogeneity, and New Value Creation: Philosophical Considerations on the Locus of Knowledge", *Academy of Management Review*, Vol. 32, No. 1, 2007.

Fischer M. M., Varga A., "Technological Innovation and Interfirm Cooperation: An Exploratory Analysis Using Survey Data from Manufacturing Firms in the Metropolitan Region of Vienna", *International Journal of Technology Management*, Vol. 24, No. 7 – 8, 2002.

Fleming L., "Recombinant Uncertainty in Technological Search", *Management Science*, Vol. 47, No. 1, 2001.

Ford J. K., MacCllum R. C., Tait M., "The Application of Exploratory Factor Analysis in Applied Psychology: A Critical Review and Analysis", *Personnel Psychology*, Vol. 39, No. 2, 1986.

Forés B., Camisón C., "Does Incremental and Radical Innovation Performance Depend on Different Types of Knowledge Accumulation Capabilities and Organizational Size?", *Journal of Business Research*, Vol. 69, No. 2, 2016.

Fornell C., Larcker D. F., "Evaluating Structural Equation Models with Unobservable Variables and Measurement Error", *Journal of Marketing Research*, Vol. 18, No. 1, 1981.

Foss N. J., Lyngsie J., Zahra S. A., "The Role of External Knowledge Sources and Organizational Design in the Process of Opportunity Exploitation", *Strategic Management Journal*, Vol. 34, No. 12, 2013.

Fracassi C., Tate G., "External Networking and Internal firm Governance", *The Journal of Finance*, Vol. 67, No. 1, 2012.

Freeman C., Soete L., "The Economics of Industrial Innovation", *Social Science Electronic Publishing*, Vol. 7, No. 2, 1997.

Frenz M., Ietto-Gillies G., "The Impact on Innovation Performance of Different Sources of Knowledge: Evidence from the UK Community Innovation Survey", *Research Policy*, Vol. 38, No. 7, 2009.

Gaglio C. M., Katz J. A., "The Psychological Basis of Opportunity Identification: Entrepreneurial Alertness", *Small Business Economics*, Vol. 16, No. 2, 2001.

Galbreath J., "Which Resources Matter the Most to Firm Success? An Exploratory Study of Resource-Based Theory", *Technovation*, Vol. 47, No. 1,

2001.

Gartner W. B., "Entrepreneurial Narrative and a Science of the Imagination", *Journal of Business Venturing*, Vol. 22, No. 5, 2007.

Gavetti G., "Cognition and Hierarchy: Rethinking the Microfoundations of Capabilities' Development", *Organization Science*, Vol. 16, No. 6, 2005.

Geroski P. A., "Entry and the Rate of Innovation", *Economics of Innovation and New Technology*, Vol. 1, No. 3, 1991.

Gielnik M. M., Zacher H., Frese M., "Focus on Opportunities as a Mediator of the Relationship between Business Owners' Age and Venture Growth", *Journal of Business Venturing*, Vol. 27, No. 1, 2012.

Grant R. M., "The Knowledge-Based View of the Firm: Implications for Management Practice", *Long Range Planning*, Vol. 30, No. 3, 1997.

Grant R. M., "The Resource-Based Theory of Competitive Advantage: Implications for Strategy Formulation", *California management review*, Vol. 33, No. 3, 1991.

Grant R. M., "Toward a Knowledge-Based Theory of the Firm", *Strategic Management Journal*, Vol. 17, No. S2, 1996.

Griliches Z., "Patent Statistics as Economic Indicators: A Survey", *Journal of Economie Literature*, Vol. 28, 1990.

Gruber M., MacMillan I. C., Thompson J. D., "Look before you Leap: Market Opportunity Identification in Emerging Technology Firms", *Management Science*, Vol. 54, No. 9, 2008.

Guo H., Tang J., Su Z., et al., "Opportunity Recognition and SME Performance: the Mediating Effect of Business Model Innovation", *R&D Management*, Vol. 47, No. 3, 2017.

Hagedoorn J., "Inter-Firm R&D Partnerships: An Overview of Major Trends and Patterns Since 1960", *Research Policy*, Vol. 31, No. 4, 2002.

Han J. K., Kim N., Srivastava R. K., "Market Orientation and Organizational Performance: Is Innovation a Missing Link?", *Journal of Marketing*, Vol. 62, No. 4, 1998.

Hanel P., St-Pierre A., "Effects of R&D Spillovers on the Profitability of Firms", *Review of Industrial Organization*, Vol. 20, No. 4, 2002.

Hayek F. A., "The Use of Knowledge in Society", *American Economic Review*, Vol. 35, No. 4, 1945.

Hayes A. F., Preacher K. J., Myers T. A., *Mediation and the Estimation of Indirect Effects in Political Communication Research*, Sourcebook for Political Communication Research: Methods, Measures, and Analytical Techniques, Routledge, 2011.

Hayes A. F., "Beyond Baron and Kenny: Statistical Mediation Analysis in the New Millennium", *Communication Monographs*, Vol. 76, No. 4, 2009.

Hayes A. F., *Introduction to Mediation, Moderation, and Conditional Process Analysis: A Regression-Based Approach*, NY: The Guilford Press, 2013.

Helfat C. E., Peteraf M. A., "The Dynamic Resource-Based View: Capability Lifecycles", *Strategic Management Journal*, Vol. 24, No. 10, 2003.

Helfat C. E., Peteraf M. A., "Understanding Dynamic Capabilities: Progress Along a Developmental Path", *Strategic Organization*, Vol. 7, No. 1, 2009.

Helfat C. E., Peteraf M. A., "Managerial Cognitive Capabilities and the Microfoundations of Dynamic Capabilities", *Strategic Management Journal*, Vol. 36, No. 6, 2015.

Helfat C. E., "Know-How and Asset Complementarity and Dynamic Capability Accumulation: the Case of R&D", *Strategic Management Journal*, Vol. 18, No. 5, 1997.

Helmke G., Levitsky S., "Informal Institutions and Comparative Politics: A Research Agenda", *Perspectives on Politics*, Vol. 2, No. 4, 2004.

Henderson R., Cockburn I., "Scale, Scope, and Spillovers: the Determinants of Research Productivity in Drug Discovery", *The Rand Journal of Economics*, 1996.

Hills G. E., Opportunity Recognition by Successful Entrepreneurs: A Pilot Study, in Hay M. et al., (eds.), *Frontiers of Entrepreneurship Research*,

Wellesley, 1995.

Hisrich R. D., "Entrepreneurship/intrapreneurship", *American Psychologist*, Vol. 45, No. 2, 1990.

Hitt M. A., Ahlstrom D., Dacin M. T., et al., "The institutional Effects on Strategic Alliance Partner Selection in Transition Economies: China vs. Russia", *Organization Science*, Vol. 15, No. 2, 2004.

Ho H. W., Ghauri P. N., Larimo J. A., "Institutional Distance and Knowledge Acquisition in International Buyer-Supplier Relationships: The Moderating Role of Trust", *Asia Pacific Journal of Management*, Vol. 35, No. 2, 2018.

Hodgkinson G. P., "Cognitive Inertia in a Turbulent Market: The Case of UK Residential Estate Agents", *Journal of Management Studies*, Vol. 34, No. 6, 1997.

Holburn G. L. F., Zelner B. A., "Political Capabilities, Policy risk, and International Investment Strategy: Evidence from the Global Electric Power Generation Industry", *Strategic Management Journal*, Vol. 31, No. 12, 2010.

Horowitz I., "Firm Size and Research Activity", *Southern Economic Journal*, Vol. 28, No. 3, 1962.

Hoskisson R. E., Eden L., Lau C. M., et al., "Strategy in Emerging Economies", *Academy of Management Journal*, Vol. 43, No. 3, 2000.

Howells J., James A., Malik K., "The Sourcing of Technological Knowledge: Distributed Innovation Processes and Dynamic Change", *R&D Management*, Vol. 33, No. 4, 2003.

Howells J., "Regional Systems of Innovation", *Innovation Policy in a Global Economy*, 1999.

Hu A. G. Z., Jefferson G. H., Jinchang Q., "R&D and Technology Transfer: Firm-level Evidence from Chinese Industry", *Review of Economics and Statistics*, Vol. 87, No. 4, 2005.

Huber G. P., "Organizational Learning: The Contributing Processes and the

Literatures", *Organization science*, Vol. 2, No. 1, 1991.

Huselid M. A., Schuler J. R. S., "Technical and Strategic Human Resource Management Effectiveness as Determinants of Firm Performance", *The Academy of Management Journal*, Vol. 40, No. 1, 1997.

Inkpen A. C., "Creating Knowledge through Collaboration", *California Management Review*, Vol. 39, No. 1, 1996.

Ireland R. D., Hitt M. A., Camp S. M., et al., "Integrating Entrepreneurship and Strategic Management Actions to Create Firm Wealth", *Academy of Management Perspectives*, Vol. 15, No. 1, 2003.

Johnson S., Mcmillan., Woodruff C., "Property Rights and Finance", *American Economic Review*, Vol. 92, No. 5, 2002.

Jordan G., Segelod E., "Software Innovativeness: Outcomes on Project Performance, Knowledge Enhancement, and External Linkages", *R & D Management*, Vol. 36, No. 2, 2010.

Karimi S., Biemans H. J. A., Lans T., et al., "The Impact of Entrepreneurship Education: A Study of Iranian Students' Entrepreneurial Intentions and Opportunity Identification", *Journal of Small Business Management*, Vol. 54, No. 1, 2016.

Karna A., Richter A., Riesenkampff E., "Revisiting the Role of the Environment in the Capabilities-Financial Performance Relationship: A Meta-Analysis", *Strategic Management Journal*, Vol. 37, No. 6, 2016.

Khanna T., Palepu K. G., "Why Focused Strategies may be Wrong for Emerging Markets", *Harvard Business Review*, Vol. 75, No. 4, 1997.

Khanna T., Palepu K., "Is Group Affiliation Profitable in Emerging Markets? An Analysis of Diversified Indian Business Groups", *The Journal of Finance*, Vol. 55, No. 2, 2000.

Khanna T., Rivkin J. W., "Estimating the Performance Effects of Business Groups in Emerging Markets", *Strategic Management Fournal*, Vol. 22, No. 1, 2001.

Kirzner I. M., "Entrepreneurial Discovery and the Competitive Market Process: An

Austrian Approach", *Journal of Economic Literature*, Vol. 35, No. 1, 1997.

Kirzner I. M., *Competition and Entrepreneurship*, Chicago: University of Chicago Press, 1973.

Kline D., "Sharing the Corporate Crown Jewels", *MIT Sloan Management Review*, Vol. 44, No. 3, 2003.

Knight G. A., Cavusgil S. T. "Innovation, Organizational Capabilities, and the Born-Global Firm", *Journal of International Business Studies*, Vol. 35, No. 2, 2004.

Kock C. J., Guillén M. F., "Strategy and Structure in Developing Countries: Business Groups as an Evolutionary Response to Opportunities for Unrelated Diversification", *Industrial and Corporate Change*, Vol. 10, No. 1, 2001.

Kogut B., U Zander., "Knowledge of the Firm, Combinative Capabilities and the Replication of Technology", *Organization Science*, Vol. 3, No. 3, 1992.

Kogut B., "Joint Ventures: Theoretical and Empirical Perspectives", *Strategic Management journal*, Vol. 9, No. 4, 1988.

Lane P. J., Lubatkin M., "Relative Absorptive Capacity and Interorganizational Learning", *Strategic Management Journal*, Vol. 19, No. 5, 1998.

Laursen K., Salter A., "Open for Innovation: the Role of Openness in Explaining Innovation Performance Among UK Manufacturing Firms", *Strategic Management Journal*, Vol. 27, No. 2, 2006.

Lawrence P. R., Lorsch J. W., *Organization and Environment: Managing Differentiation and Integration*, Irwin, 1969.

Lei D., Hitt M. A., Bettis R., "Dynamic Core Competences through Meta-Learning and Strategic Context", *Journal of Management*, Vol. 22, No. 4, 1996.

Leonard-Barton D., *Wellsprings of Knowledge*, Harvard Business School Press, 1995.

Liao S. H., Wu C. C., Hu D. C., et al., "Relationships between Knowledge Acquisition, Absorptive Capacity and Innovation Capability: An Empirical Study on Taiwan's Financial and Manufacturing Industries", *Journal of Information Science*, Vol. 36, No. 1, 2010.

Lindsay N. J., Craig J., "A Framework for Understanding Opportunity Recognition: Entrepreneurs Versus Private Equity Financiers", *The Journal of Private Equity*, Vol. 6, No. 1, 2002.

Liu X., Buck T., "Innovation Performance and Channels for International Technology Spillovers: Evidence from Chinese High-Tech Industries", *Research Policy*, Vol. 36, No. 3, 2007.

Liying J., Wang Y., Ning L., "How do Dynamic Capabilities Transform External Technologies into Firms' Renewed Technological Resources? A Mediation Model", *Asia Pacific Journal of Management*, Vol. 33, No. 4, 2016.

Liying J., Wang Y., Salomo S., "An Inquiry on Dimensions of External Technology Search and Their Influence on Technological Innovations: Evidence from Chinese Firms", *R & D Management*, Vol. 44, No. 1, 2014.

Lubit R., "The Keys to Sustainable Competitive Advantage-Tacit Knowledge and Knowledge Management", *Organizational Dynamics*, Vol. 3, No. 29, 2001.

Lukas B. A., Bell S. J., "Strategic Market Position and R&D Capability in Global Manufacturing Industries: Implications for Organizational Learning and Organizational Memory", *Industrial Marketing Management*, Vol. 29, No. 6, 2000.

Lumpkin G. T., Dess G. G., "Clarifying the Entrepreneurial Orientation Construct and Linking it to Performance", *Academy of Management Review*, Vol. 21, No. 1, 1996.

Lundvall, *National Systems of Innovation: Toward a Theory of Innovation and Interactive Learning*, London: Anthem Press, 1992.

Lyles M. A., Salk J. E., "Knowledge Acquisition from Foreign Parents in International Joint Ventures: An Empirical Examination in the Hungarian Context", *Journal of international business studies*, Vol. 27, No. 5, 1996.

Ma R., Huang Y. C., Shenkar O., "Social Networks and Opportunity Recognition: A Cultural Comparison between Taiwan and the United States", *Strategic Management Journal*, Vol. 32, No. 11, 2011.

Manolova T. S., Eunni R. V., Gyoshev B. S., "Institutional Environments for Entrepreneurship: Evidence from Emerging Economies in Eastern Europe", *Entrepreneurship Theory and Practice*, Vol. 32, No. 1, 2008.

Martin L., Wilson N., "Opportunity, Discovery and Creativity: A Critical Realist Perspective", *International Small Business Journal*, Vol. 34, No. 3, 2016.

McEvily S. K., Chakravarthy B., "The Persistence of Knowledge-Based Advantage: An Empirical Test for Product Performance and Technological Knowledge", *Strategic Management Journal*, Vol. 23, No. 4, 2002.

McGrath J. E., Argote L., *Group Processes in Organizational Contexts, Blackwell Handbook of Social Psychology: Group Processes*, Blackwell Publishers, 2001.

McKelvie A., Wiklund J., Bennett L., *Modes of Knowledge Acquisition and Innovation in Different Environments: An Examination of New Firms*, 26th, Babson College Entrepreneurship Research Conference, 2008.

McMillan J., "Market Institutions", in: Vernengo M. et al. (eds.), *The new Palgrave Dictionary of Economics*, Palgrave Macmillan, 2007.

Mesquita L. F., Lazzarini S. G., "Horizontal and Vertical Relationships in Developing Economies: Implications for SMEs' Access to Global Markets", *Academy of Management Journal*, Vol. 51, No. 2, 2008.

Meyer J., Scott W., *Organizations and Environments: Ritual and Rationality*, Sage Publications, 1983.

Meyer K. E., Estrin S., Bhaumik S. K., et al., "Institutions, Resources, and Entry Strategies in Emerging Economies", *Strategic Management Journal*, Vol. 30, No. 1, 2009.

Moran P., "Structural vs. Relational Embeddedness: Social Capital and Managerial Performance", *Strategic Management Journal*, Vol. 26, No. 12, 2005.

Mowery D. C., Rosenberg N, *Technology and the Pursuit of Economic Growth*, Cambridge University Press, 1989.

Mowery D., Rosenberg N., "The Influence of Market Demand upon Innovation: A Critical Review of some Recent Empirical Studies", *Research Policy*, Vol. 8, No. 2, 1979.

Myers S., Marquis D. G., *Successful Industrial Innovation*, Institute of Public Administration, 1969.

Nadkarni S., Barr P. S., "Environmental Context, Managerial Cognition, and Strategic Action: An Integrated View", *Strategic Management Journal*, Vol. 29, No. 13, 2008.

Naldi L., Davidsson P., "Entrepreneurial Growth: The Role of International Knowledge Acquisition as Moderated by Firm Age", *Journal of Business Venturing*, Vol. 29, No. 5, 2014.

Narin F., Noma E., Perry R., "Patents as Indicators of Corporate Technological Strengt", *Research Policy*, Vol. 16, No. 2, 1987.

Nerkar A., Paruchuri S., "Evolution of R&D Capabilities: The Role of Knowledge Networks Within a Firm", *Management Science*, Vol. 51, No. 5, 2005.

Nickerson J. A., Zenger T. R., "A Knowledge-Based Theory of the Firm—The Problem-Solving Perspective", *Organization Science*, Vol. 15, No. 6, 2004.

Nieto M. J., Santamaría L., "The Importance of Diverse Collaborative Networks for the Novelty of Product Innovation", *Technovation*, Vol. 27, No. 6-7, 2007.

Nonaka I., "Dynamic Theory of Organizational Knowledge Creation", *Organization Science*, Vol. 5, No. 1, 1994.

Nonaka I., Takeuchi H., "The Knowledge Creation Company: How Japanese Companies Create the Dynamics of Innovation", *Journal of International Business Studies*, Vol. 27, 1996.

Nonaka I., Toyama R., Nagata A., "A Firm as a Knowledge-Creating Entity: A New Perspective on the Theory of the Firm", *Industrial & Corporate Change*, Vol. 9, No. 9, 2000.

North D. , *Institutions, Institutional Change and Economic Performance*, Cambridge University Press, 1990.

Nunnally J. C. , *Psychometric Theory*, 2nd (Eds.), McGraw-Hill, 1978.

O'connor G. C. , Rice M. P. , "Opportunity Recognition and Breakthrough Innovation in Large Established Firms", *California Management Review*, Vol. 43, No. 2, 2001.

OECD, "The Knowledge-Based Economy", *General Distribution OCDE/GD (96) 102*, 1996.

Oliver C. , "Strategic Responses to Intuitional Processes", *Academy of Management Review*, Vol. 16, No. 1, 1991.

Oliver C. , "Sustainable Competitive Advantage: Combining Institutional and Resource-Based Views", *Strategic Management Journal*, Vol. 18, No. 9, 1997.

Ozawa T. , Macroeconomic Factors Affecting Japan's Technology Inflows and Outflows: The Postwar Experience, in Rosenberg N. and Firschtak C. (eds.), *International Technology Transfer: Concepts, Measures and Comparisons*, Praegerk, 1985.

Ozgen E. , Baron R. A. , "Social Sources of Information in Opportunity Recognition: Effects of Mentors, Industry Networks, and Professional Forums", *Journal of Business Venturing*, Vol. 22, No. 2, 2007.

Papa A. et al. , "Improving Innovation Performance Through Knowledge Acquisition: The Moderating Role of Employee Retention and Human Resource Management Practices", *Journal of Knowledge Management*, Vol. 24, No. 3, 2020.

Park J. S. , "Opportunity Recognition and Product Innovation in Entrepreneurial Hi-Tech Start-Ups: A New Perspective and Supporting Case Ttudy", *Technovation*, Vol. 25, No. 7, 2005.

Patrik G. , Andreas P. , "Determinants of Firm R&D: Evidence from Swedish Firm Level Data", *FIEF Working Papers Series*, No. 190, 2003.

Paul S. M. et al. , "How to Improve R&D Productivity: The Pharmaceutical Industry's Grand Challenge", *Nature Reviews Drug Discovery*, Vol. 9, No. 3, 2010.

Peng M. W. , Sun S. L. , Pinkham B. , et al. , "The Institution-Based View as a Third Leg for a Strategy Tripod", *Academy of Management Perspectives*, Vol. 23, No. 3, 2009.

Peng M. W. , Wang D. Y. L. , Jiang Y. , "An Institution-Based View of International Business sStrategy: A Focus on Emerging Economies", *Journal of international business studies*, Vol. 39, No. 5, 2008.

Peng M. W. , "Towards an Institution-based View of Business strategy", *Asia Pacific Journal of Management*, Vol. 19, No. 2 – 3, 2002.

Peng M. W. , "Institutional Transitions and Strategic Choices", *Academy of Management Review*, Vol. 28, No. 2, 2003.

Penrose E. G. , *The Theory of the Growth of the Firm*, Oxford University Press, Oxford, 1959.

Peteraf M. A. , "The Cornerstones of Competitive Advantage: A Resource-Based View", *Strategic Management Journal*, Vol. 14, No. 3, 1993.

Podsakoff P. M. , Organ D. W. , "Self-Reports in Organizational Research: Problems and Prospects", *Journal of Management*, Vol. 12, No. 4, 1986.

Porter M. E. , *Competitive Advantage: Creating and Sustaining Superior Performance*, Free Press, 1985.

Porter M. E. , *Competitive Strategy: Techniques for Analyzing Industries and Competitors*, Free Press, 1980.

Powell W. W. , Koput K. W. , Smith-Doerr L. , "Interorganizational Collaboration and the Locus of Innovation: Networks of Learning in Biotechnology", *Administrative Science Quarterly*, Vol. 41, No. 1, 1996.

Prajogo D. I. , Ahmed P. K. , "Relationships Between Innovation Stimulus, Innovation Capacity, and Innovation Performance", *R&D Management*, Vol. 36, No. 5, 2006.

Preacher K. J. , Rucker D. D. , Hayes A. F. , "Addressing Moderated Mediation Hypotheses: Theory, Methods, and Prescriptions", *Multivariate Behavioral Research*, Vol. 42, No. 1, 2007.

Papa A. , Dezi L. , Gregori G. L. , et al. , "Improving Innovation Performance through Knowledge Acquisition: The Moderating Role of Employee Retention and Human Resource Management Practices", *Journal of Knowledge Management*, Vol. 1, 2018.

Quintas P., Lefrere P., Jones G. "Knowledge Management: A Strategic Agenda", *Long Range Planning*, Vol. 30, No. 3, 1997.

Ramoglou S., Zyglidopoulos S. C., "The Constructivist View of Entrepreneurial Opportunities: A Critical Analysis", *Small Business Economics*, Vol. 44, No. 1, 2015.

Ray G., Barney J. B., Muhanna W. A., "Capabilities, Business Processes, and Competitive Advantage: Choosing the Dependent Variable in Empirical Tests of the Resource-Based View", *Strategic Management Journal*, Vol. 25, No. 2, 2004.

Reed R., Defillippi R. J., "Causal Ambiguity, Barriers to Imitation, and Sustainable Competitive Advantage", *Academy of Management Review*, Vol. 15, No. 1, 1990.

Rigby D., Zook C., "Open-Market Innovation", *Harvard Business Review*, Vol. 80, No. 10, 2002.

Ritter T., Gemünden H. G., "The Impact of a Company's Business Strategy on its Technological Competence, Network Competence and Innovation Success", *Journal of business research*, Vol. 57, No. 5, 2004.

Rogers E. M., *Diffusion of Innovations*, 3rd Ed, Free Press, 1982.

Romer P. M., "Increasing Returns and Long-Run Growth", *Journal of political economy*, Vol. 94, No. 5, 1986.

Romijn H., Albaladejo M., "Determinants of Innovation Capability in Small Electronics and Software Firms in Southeast England", *Research Policy*, Vol. 31, No. 7, 2002.

Ronstadt R., "The Corridor Principle", *Journal of Business Venturing*, Vol. 3, No. 1, 1988.

Roper S., Love J. H., Bonner K., "Firms Knowledge Search and Local Knowledge Externalities in Innovation Performance", *Research Policy*,

Vol. 46, No. 1, 2017.

Rosenberg N., *Inside the Black Box: Technology and Economics*, Cambridge University Press, 1982.

Rosenkopf L., Nerkar A., "Beyond Local Search: Boundary-Spanning, Exploration, and Impact in the Optical Disk Industry", *Strategic Management Journal*, Vol. 22, No. 4, 2001.

Rothwell R., "Successful Industrial Innovation: Critical Factors for the 1990s", *R&D Management*, Vol. 22, No. 3, 1992.

Sakkab N. Y., "Connect and Develop Complements Research and Develop at P&G", *Research-Technology Management*, Vol. 45, No. 2, 2002.

Salvato C., Vassolo R., "The Sources of Dynamism in Dynamic Capabilities", *Strategic Management Journal*, Vol. 39, No. 6, 2018.

Samuelsson M., *Creating New Ventures: A Longitudinal Investigation of the Nascent Venturing Process*, Internationella Handelshögskolan, 2004.

Sarasvathy D. K., Simon H. A., Lave L., "Perceiving and Managing Business Risks: DiffErences Between Entrepreneurs and Bankers", *Journal of Economic Behavior & Organization*, Vol. 33, No. 2, 1998.

Scherer F., Ross D., *Industrial Market Structure and Economic Performance*, Houghton Mifflin: Bos ton, MA, 1990.

Schilke O., "On the Contingent Value of Dynamic Capabilities for Competitive Advantage: The Nonlinear Moderating Effect of Environmental Dynamism", *Strategic Management Journal*, Vol. 35, No. 2, 2014a.

Schilke O., "Second-Order Dynamic Capabilities: How Do They Matter?", *Social Science Electronic Publishing*, Vol. 28, No. 4, 2014b.

Schmidt J., Keil T., "What Makes a Resource Valuable? Identifying the Drivers of Firm-Idiosyncratic Resource Value", *Academy of Management Review*, Vol. 38, No. 2, 2013.

Schumpeter J. A., *Capitalism, Socialism and Democracy*, Harper & Row Publishers, 1942.

Schumpeter J. A., *The Theory of Economic Development*, Harvard University

Press, 1934.

Schwartz R. G., Teach R. D., "A Model of Opportunity Recognition and Exploitation: An Empirical Study of Incubator Firms", *Journal of Research in Marketing and Entrepreneurship*, Vol. 2, No. 2, 2000.

Scott W. R., *Institutions and Organizations: Theory and Research*, Sage Publications, 1995.

Scott W. R., "The Adolescence of Institutional Theory", *Administrative Science Quarterly*, Vol. 32, No. 4, 1987.

Scuotto V., Santoro G., Bresciani S., et al., "Shifting Intra and Inter-Organizational Innovation Processes Towards Digital Business: An Empirical Analysis of SMEs", *Creativity and Innovation Management*, Vol. 26, No. 3, 2017.

Sekaran U., Bougie R., *Research Methods for Business: A Skill Building Approach*, John Wiley & Sons, 2016.

Sen F., Rubenstein A H., "External Technology and In-House R&D's Facilitative Role", *Journal of Product Innovation Management*, Vol. 6, No. 2, 1989.

Shan W., Walker G., Kogut B., "Interfirm Cooperation and Startup Innovation in the Biotechnology Industry", *Strategic Mmanagement Journal*, Vol. 15, No. 5, 1994.

Shane S., Venkataraman S., "The Promise of Entrepreneurship as a Field of Research", *Academy of Management Review*, Vol. 25, No. 1, 2000.

Shane S. A., *A General Theory of Entrepreneurship: The Individual-Opportunity nexus*, Edward Elgar Publishing, 2003.

Shane S., "Prior Knowledge and the Discovery of Entrepreneurial Opportunities", *Organization Science*, Vol. 11, No. 4, 2000.

Shepherd D. A., De Tienne D. R., "Prior Knowledge, Potential Financial Reward, and Opportunity Identification", *Entrepreneurship Theory and Practice*, Vol. 29, No. 1, 2005.

Sher P. J., Yang P. Y., "The Effects of Innovative Capabilities and R&D

Clustering on Firm Performance: the Evidence of Taiwan's Semiconductor Industry", *Technovation*, Vol. 25, No. 1, 2005.

Shi W. S., Sun S. L., Peng M. W., "Sub-National Institutional Contingencies, Network Positions, and IJV Partner Selection", *Journal of Management Studies*, Vol. 49, No. 7, 2012.

Simon M., Houghton S. M., Aquino K., "Cognitive Biases, Risk Perception, and Venture Formation: How Individuals Decide to Start Companies", *Journal of business venturing*, Vol. 15, No. 2, 2000.

Simonin B. L., "The Importance of Collaborative Know-How: An Empirical Test of the Learning Organization", *Academy of Management Journal*, Vol. 40, No. 5, 1997.

Singh R., Hills G. E., Hybels R. C., et al., "Opportunity Recognition Through Social Network Characteristics of Entrepreneurs", *Frontiers of Entrepreneurship Research*, 1999.

Sirmon D. G., Hitt M. A., "Contingencies within Dynamic Managerial Capabilities: Interdependent Effects of Resource Investment and Deployment on Firm Performance", *Strategic Management Journal*, Vol. 30, No. 13, 2009.

Sirmon D. G., Hitt M. A., "Managing Resources: Linking Unique Resources, Management, and Wealth Creation in Family Firms", *Entrepreneurship Theory and Practice*, Vol. 27, No. 4, 2003.

Smith B. R., Matthews C. H., Schenkel M. T., "Differences in Entrepreneurial Opportunities: The Role of Tacitness and Codification in Opportunity Identification", *Journal of Small Business Management*, Vol. 47, No. 1, 2009.

Song G., Min S., Lee S., et al., "The Effects of Network Reliance on Opportunity Recognition: A Moderated Mediation Model of Knowledge Acquisition and Entrepreneurial Orientation", *Technological Forecasting and Social Change*, 2017.

Sridhar S., Narayanan S., Srinivasan R., "Dynamic Relationships Among R&D, Advertising, Inventory and Firm Performance", in *Journal of the A-*

cademy of Marketing Science, Vol. 42, No. 3, 2014.

Stoian C., Mohr A., "Outward Foreign Direct Investment from Emerging Economies: Escaping Home Country Regulative Voids", International Business Review, Vol. 25, No. 5, 2016.

Suchman M. C., "Managing Legitimacy: Strategic and Institutional Approaches", Academy of Management Review, Vol. 20, No. 3, 1995.

Sveiby K., "A Knowledge-Based Theory of the Firm to Guide in Strategy Formulation", Journal of Intellectual Capital, Vol. 2, No. 4, 2001.

Tardivo G., Santoro G., Ferraris A., "The Role of Public-Private Partnerships in Developing Open Social Innovation: The Case of Google Glass4Lis", World Review of Entrepreneurship, Management and Sustainable Development, Vol. 13, No. 5 - 6, 2017.

Taylor A. B., Mackinnon D. P., Tein J. Y., "Tests of the Three-Path Mediated Effect", Organizational Research Methods, Vol. 11, No. 2, 2008.

Teece D. J., Pisano G., Shuen A., "Dynamic Capabilities and Strategic Management", Strategic Management Journal, Vol. 18, No. 7, 1997.

Teece D. J., "Explicating Dynamic Capabilities: The Nature and Microfoundations of (Sustainable) Enterprise Performance", Strategic Management Journal, Vol. 28, No. 13, 2007.

Teece D. J., "Profiting from Technological Innovation: Implications for Integration, Collaboration, Licensing and Public Policy", Research Policy, Vol. 11115, No. 6, 1986.

Teece D., Pisano G., "The Dynamic Capabilities of Firms: An Introduction", Industrial and Corporate Change, Vol. 3, No. 3, 1994.

Tobiassen A. E., Pettersen I. B., "Exploring Open Innovation Collaboration Between SMEs and Larger Customers: The Case of High-Technology Firms", Baltic Journal of Management, No. 4, 2018.

Tocher N., Oswald S. L., Hall D. J., "Proposing Social Resources as the Fundamental Catalyst Toward Opportunity Creation", Strategic Entrepreneurship Journal, Vol. 9, No. 2, 2015.

Tong T. W., Reuer J. J., Peng M. W., "International Joint Ventures and the Value of Growth Options", *Academy of Management Journal*, Vol. 51, No. 5, 2008.

Tsai K. H., Hsieh M. H., Hultink E. J., "External Technology Acquisition and Product Innovativeness: The Moderating Roles of R&D Investment and Configurational Context", *Journal of Engineering & Technology Management*, Vol. 28, No. 3, 2011.

Tsang E. W. K., "Acquiring Knowledge by Foreign Partners from International Joint Ventures in a Transition Economy: Learning-by-Doing and Learning Myopia", *Strategic Management Journal*, Vol. 23, No. 9, 2002.

Vegajurado J., Gutiérrezgracia A., Fernándezdelucio I., "Does External Knowledge Sourcing Matter for Innovation? Evidence from the Spanish Manufacturing Industry", *Industrial & Corporate Change*, Vol. 18, No. 4, 2009.

Ven A. H. V. D., "Central Problems in the Management of Innovation", *Management Science*, Vol. 32, No. 5, 1986.

Venkataraman S., *A General Theory of Entrepreneurship*, The Individual-Opportunity Nexus, Edw and Elgar Publishing, Inc, 2003.

Veugelers R., "Internal R&D Expenditures and External Technology Sourcing", *Research policy*, Vol. 26, No. 3, 1997.

Volberda H. W., "Toward the Flexible form: How to Remain Vital in Hypercompetitive Environments", *Organization science*, Vol. 7, No. 4, 1996.

Walker R. D., *Patents as Scientific and Technical Literature*, Scarecrow Press, 1995.

Wernerfelt B., "A Resource-Based View of the Firm", *Strategic Management Journal*, Vol. 5, No. 2, 1984.

West J., Bogers M., "Leveraging External Sources of Innovation: A Review of Research on Open Innovation", *Journal of Product Innovation Management*, Vol. 31, No. 4, 2014.

Westney D. E., "Domestic and Foreign Learning Curves in Managing International Cooperative Strategies", *Cooperative Strategies in International Business*, Vol. 21, No. 2, 1988.

Wiklund J., Shepherd D., "Knowledge-Based Resources, Entrepreneurial Orientation, and the Performance of Small and Medium-Sized Businesses", *Strategic Management Journal*, Vol. 24, No. 13, 2003.

Williamson O. E., *The Economic Institutions of Capitalism, Firms, Markets, Relational Contracting*, The Free Press, 1985.

Winter S. G., "Understanding Dynamic Capabilities", *Strategic Management Journal*, Vol. 24, No. 10, 2003.

Wu J., "The Effects of External Knowledge Search and CEO Tenure on Product innovation: Evidence from Chinese Firms", *Industrial and Corporate Change*, Vol. 23, No. 1, 2013.

Wu L. Y., "Applicability of the Resource-Based and Dynamic-Capability Views Under Environmental Volatility", *Journal of Business Research*, Vol. 63, No. 1, 2010.

Wu L. Y., "Entrepreneurial Resources, Dynamic Capabilities and Start-Up Performance of Taiwan's High-Tech Firms", *Journal of Business Research*, Vol. 60, No. 5, 2007.

Yalcinkaya G., Calantone R. J., Griffith D. A., "An Examination of Exploration and Exploitation Capabilities: Implications for Product Innovation and Market Performance", *Journal of International Marketing*, Vol. 15, No. 4, 2007.

Yli-Renko H., Autio E., Sapienza H. J., "Social Capital, Knowledge Acquisition, and Knowledge Exploitation in Young Technology-Based Firms", *Strategic Management Journal*, Vol. 22, No. 6 – 7, 2001.

Zahra S. A., Ireland R. D., Hitt M. A., "International Expansion by New Venture Firms: International Diversity, Mode of Market Entry, Technological Learning, and Performance", *Academy of Management Journal*, Vol. 43, No. 5, 2000.

Zaltman G., Duncan R., Holbek J., *Innovations and Organizations*, John

Wiley & Sons, 1973.

Zander U., Kogut B., "Knowledge and the Speed of the Transfer and Imitation of Organizational Capabilities: An Empirical Test", *Organization Science*, Vol. 6, No. 6, 1995.

Zeng S. X., Xie X. M., Tam C. M., "Relationship Between Cooperation Networks and Innovation Performance of SMEs", *Technovation*, Vol. 30, No. 3, 2010.

Zhang Y., Li H., "Innovation Search of New Ventures in a Technology Cluster: The Role of Ties with Service Intermediaries", *Strategic Management Journal*, Vol. 31, No. 1, 2010.

Zhou K. Z., Li C. B., "How Knowledge Affects Radical Innovation: Knowledge Base, Market Knowledge Acquisition, and Internal Knowledge Sharing", *Strategic Management Journal*, Vol. 33, No. 9, 2012.

Zott C., "Dynamic Capabilities and the Emergence of Intraindustry Differential firm Performance: Insights from a Simulation Study", *Strategic Management Journal*, Vol. 24, No. 2, 2003.

附　　录

问卷一

尊敬的先生/女士：

您好！我们是吉林大学商学院的研究团队，致力于企业战略管理方面的学术研究。此次调研是针对一项关于"企业创新"的学术研究项目，请根据您所在的企业实际情况填写问卷。我们将对您的信息严格保密，所得数据仅用作本次科研项目，无任何其他商业用途。感谢您抽出宝贵的时间参与我们的调研，不胜感激。

请根据贵公司近三年的经营表现，客观地评价贵公司的状况，回答以下问题：（题项见下页）

以下是有关贵公司基本情况的陈述，请如实回答。

1. 贵公司所属行业

   A. 制造业　　　　　　　　B. 信息传输、软件和信息技术服务业

   C. 金融业　　　　　　　　D. 政府部门或非营利

   E. 建筑业　　　　　　　　F. 电力、热力、燃气及水生产和供应业

   G. 科学研究和技术服务业　H. 其他企业性质

2. 贵公司的企业所有制

   A. 国有企业　　　　　　　B. 私营企业

   C. "三资"企业　　　　　　D. 政府机关及非营利机构

   E 其他

3. 您在公司的职位

A. 副总经理及以上级别管理人员（含副总经理）

B. 部门主管

C. 部门职员　　　　　　D. 其他

4. 贵公司所在地_____（省份或直辖市）。

5. 贵公司的全职员工数量_____人。

6. 贵公司的成立年份_____年。

7. 您在公司工作的年限_____年。

8. 您的年龄_____岁。

	非常不符合	有点不符合	一般	有点符合	非常符合
1. 我公司经常与客户交流来获取其对产品或服务的评价及潜在需求的信息	1	2	3	4	5
2. 我公司经常与供应商交流来获取市场信息	1	2	3	4	5
3. 我公司经常通过收购、技术购买等方式直接获得某些专业技术的使用权	1	2	3	4	5
4. 我公司经常与研究机构（高校、科研单位）有研发合作	1	2	3	4	5
5. 我公司通过多种途径收集有关技术发展趋势的信息	1	2	3	4	5
6. 公司在日常经营活动中，经常会产生有关未来新业务的构想甚至方案	1	2	3	4	5
7. 我公司对机会有高度的敏感性和快速的反应能力	1	2	3	4	5
8. 我公司经常有一些可以转化为新产品或服务的创意	1	2	3	4	5
9. 我公司经常与能够影响终端顾客购买行为的人员（如零售商、分销商）进行交流	1	2	3	4	5
10. 我公司经常通过各种渠道获取关于竞争者的市场信息	1	2	3	4	5
11. 请直接勾选"有点不符合"选项	1	2	3	4	5
12. 我公司极少向合作者学习新产品及服务开发、生产制造技术	1	2	3	4	5

问卷二

尊敬的先生/女士：

您好！我们是吉林大学商学院的研究团队，致力于企业战略管理方面的学术研究。此次调研是针对一项关于"企业创新"的学术研究项目，请根据您所在的企业实际情况填写问卷。我们将对您的信息严格保密，所得数据仅用作本次科研项目，无任何其他商业用途。感谢您抽出宝贵的时间参与我们的调研，不胜感激。

请根据贵公司近一年的经营表现，客观地评价贵公司的状况，回答以下问题：

	非常不符合	有点不符合	一般	有点符合	非常符合
1. 我公司经常早于竞争对手推出新产品/新服务	1	2	3	4	5
2. 与同行相比，我公司经常在行业内率先应用新技术	1	2	3	4	5
3. 与同行相比，我公司的产品改进与创新有较好的市场反应	1	2	3	4	5
4. 与同行相比，我公司在行业内拥有一流的技术工艺和流程	1	2	3	4	5
5 与同行相比，我公司产品开发的成功率非常高	1	2	3	4	5
	大幅下降	小幅下降	基本持平	小幅增加	大幅增加
6. 与前两年相比，我公司近一年的研发部门的工作量	1	2	3	4	5
7. 与前两年相比，我公司近一年负责研发工作的年均人员数量	1	2	3	4	5
8. 与前两年相比，我公司近一年在研发活动中的年均资金投入	1	2	3	4	5

以下是有关贵公司基本情况的陈述，请如实回答。

1. 您在公司的职位

A. 副总经理及以上级别管理人员（含副总经理）　　B. 部门主管

C. 部门职员　　D. 其他

2. 您在公司工作的年限_____年。

3. 您的年龄_____岁。